T0145939

L'Institut Interdisciplinaire d'Etudes Epistémologiques tient à remercier le Conseil Régional Rhône-Alpes pour l'aide qu'il a bien voulu apporter à la publication de la collection SCIENCE - HISTOIRE - PHILOSOPHIE.

Librairie Philosophique J.VRIN, 1987

ISBN : 2-7116-9426-7

SCIENCE – HISTOIRE – PHILOSOPHIE

*Publication de l'Institut Interdisciplinaire
d'Etudes Epistémologiques*

LE REDUCTIONNISME EN QUESTION

Actes du Colloque organisé par
L'INSTITUT INTERDISCIPLINAIRE
D'ETUDES EPISTÉMOLOGIQUES

Facultés Catholiques de Lyon

14 - 16 MARS 1986

Collection dirigée par Michel DELSOL
Directeur à l'Ecole Pratique des Hautes Etudes
Professeur à la Faculté Catholique des Sciences de Lyon

SOMMAIRE

Avant-propos 9

Problématique du réductionnisme   par R. PAYOT 11

" Réduction " . Eléments pour l'histoire d'un mot
par E. POULAT 17

Réflexions sur le réductionnisme méthodologique 21
par J. PARAIN-VIAL 21

La conception systémique remède au réductionnisme
par H. BARREAU 33

Réductionnisme et méthode scientifique par R. MOUTERDE 45

Oui au réductionnisme biologique par M. DELSOL et J. FLATIN 49

Réductionnisme et holisme à la lumière de la dynamique
qualitative par H. LE GUYADER 71

Transformisme et réductionnisme par G. LAURENT 81

De l'espèce au système et du système à l'espèce - que représente
l'analyse dans de telles propositions par M. DENIZOT 89

Quelques blocages de la médecine au siècle dernier
par réductionnisme inconscient ou naïf par H. PEQUIGNOT 105

La religion quatre fois réduite par la science par E. POULAT ... 117

Réductionnisme et relations internationales :
le cas de Lewis F.Richardson par R. LADOUS et A.PELLET ... 131

"Le saut qualitatif". de l'expérience biologique à l'expérience
mystique par J. GADILLE 147

Réflexions à la fin d'un colloque par R. LEYRIS 159

En guise de conclusion 169

LISTE DES PARTICIPANTS

BANGE (Ch.) - docteur-ès-sciences, professeur de physiologie, Université Lyon I.

BARREAU (H.) - docteur-ès-lettres, directeur de l'E.R. du C.N.R.S. "Fondements des Sciences", Strasbourg.

BERTHET (P.) - docteur-ès-sciences, professeur de biologie végétale à l'Université Lyon I, directeur du Jardin Botanique de Lyon.

DAGOGNET (F.) - agrégé de philosophie, docteur en médecine, membre de l'Institut, professeur à l'Université Lyon III.

DEBRU (C.) - agrégé de philosophie, docteur-ès-lettres, chargé de recherches au C.N.R.S., Paris.

DELSOL (M.) - docteur-ès-sciences, docteur en philosophie, directeur à l'Ecole Pratique des Hautes Etudes, professeur de biologie animale à la Faculté Catholique des Sciences de Lyon.

DENIZOT (M.) - docteur-ès-sciences, professeur de biologie végétale à l'Université des sciences et techniques du Languedoc, directeur de l'Institut de Botanique de Montpellier.

FLATIN (J.) - docteur de l'Université Lyon I, Ecole Pratique des Hautes Etudes et Faculté Catholique des Sciences de Lyon.

GADILLE (J.) - agrégé d'histoire, docteur-ès-lettres, professeur à l'Université Lyon III.

GUEYDAN (M.) - docteur en sciences naturelles, chercheur à la Faculté Catholique des Sciences de Lyon.

LADOUS (R.) - agrégé d'histoire, docteur-ès-lettres, maître-assistant à l'Université Lyon III.

LAURENT (G.) - docteur-ès-lettres, licencié en théologie, directeur de l'Institut Lettres-Histoire de l'Université Catholique de l'Ouest, Angers.

LE GUYADER (H.) - docteur-ès-sciences, chargé de recherches au C.N.R.S., Meudon.

LEYRIS (R.) - agrégée de philosophie.

MOSIMANN (J.E.) - Ph.D. Zoology, University of Michigan, M. sc., The Johns Hopkins University, Chief Laboratory of Statistical and Mathematical Methodology, National Institutes of Health, Bethesda, Maryland.

MOUTERDE (R.) - docteur-ès-sciences, licencié en théologie, directeur de recherches au C.N.R.S., doyen émérite de la Faculté Catholique des Sciences de Lyon.

PARAIN-VIAL (J.) - agrégée de philosophie, docteur-ès-lettres, professeur honoraire, Université de Dijon.

PAYOT (R.) - agrégé de philosophie, docteur-ès-lettres, professeur en Classes Préparatoires et à l'Université Lyon III.

PELLET (A.) - Institut Universitaire de Hautes Etudes Internationales, Genève.

PEQUIGNOT (H.) - professeur honoraire à la Faculté de Médecine de Paris, médecin honoraire des Hôpitaux de Paris.

POULAT (E.) - docteur-ès-lettres, docteur de l'Université de Fribourg en Brisgau, directeur de recherches au C.N.R.S., directeur d'études à l'Ecole des Hautes Etudes en Sciences Sociales, Paris.

RUGET (Ch.) - docteur-ès-sciences, chargé de recherches au C.N.R.S., Lyon.

SENTIS (Ph.) - docteur-ès-sciences, docteur-ès-lettres, sous-directeur de laboratoire au Collège de France.

Mes Chers Collègues,

Nous sommes réunis ici pour étudier l'un des problèmes les plus difficiles que pose la science moderne. Nous voulons, en effet, nous demander :
- si l'on peut réduire la vie à une manifestation de la matière physico-chimique,
- si l'on peut réduire le comportement animal à des réactions de cette matière,
- si l'on peut réduire la conscience de soi et la créativité de l'homme aux comportements de l'animal, et, par conséquent, réduire toute l'histoire humaine à de simples comportements,
- et, enfin, si l'on peut réduire toute la Connaissance à la seule connaissance scientifique, comme certains le pensaient à l'époque où triomphait ce que l'on a appelé le scientisme.

Comme dans tout colloque portant sur des problèmes de ce type nous écouterons les arguments des autres participants sans nécessairement les adopter, en raison de nos conceptions personnelles. Mais ces argumentations pouvant exiger des exposés longs et complexes, nous risquons de repartir chacun de notre côté sans avoir pu nous en expliquer complètement.

Je vous propose donc d'adopter pour cette réunion de travail les modalités suivantes :
- au cours des trois premières séances, chacun des participants aura la possibilité d'exprimer librement ses idées et ses hypothèses;
- à la fin de chaque exposé, des questions pourront évidemment être posées à l'orateur; ceux d'entre vous qui souhaiteraient engager une discussion plus architecturée, voire partiellement rédigée, pourront se ménager le temps de préparer leur intervention en la reportant au samedi après-midi;
- nous tenons surtout à préciser que nous avons voulu organiser ici une réunion en petit nombre et non lancer un vaste rappel sur un sujet à la mode susceptible de faire recette. Pourquoi donc cette réunion restreinte, sinon tout simplement parce que nous avons souvent remarqué que dans les colloques comportant un grand nombre de participants les discussions sont réduites au minimum, les auditeurs n'osant pas critiquer trop ouvertement l'orateur par crainte de se voir accusé de polémique.

Nous souhaitons qu'ici, au contraire, chacun puisse exposer longuement et clairement ce qu'il pense et que personne n'ait peur d'exprimer
des critiques qui, d'ailleurs, n'entacheront en rien notre mutuelle
sympathie. En somme, je vous convie à un colloque **sensu stricto** et
non à un festival de "couplets solitaires" comme nous en offrent trop
souvent certaines réunions.

Michel DELSOL

Lyon, le 14 Mars 1986

PROBLEMATIQUE DU REDUCTIONNISME

par

Roger Payot

I - Définitions

Un article de Bernard Lamotte (1) propose une intéressante définition du réductionnisme. Ce dernier consiste à vouloir expliquer intégralement les phénomènes en les ramenant à leurs éléments les plus simples. Chaque mot ici fait sens et il faudrait commenter de près cette formule. Proposons-en une autre : un tout n'est rien de plus que la somme arithmétique de ses parties. Ou encore : les niveaux constitutifs sont les niveaux explicatifs, sans émergence quelconque. Ainsi fonctionne la théorie réflexe classique où le qualitatif se ramène au quantitatif. Selon Marc Jeannerod : "la théorie réflexe (est) la première
" conception réductionniste des relations entre activité du cerveau et
" comportement, où un phénomène complexe (le mouvement volontaire)
" est conçu comme seulement quantitativement (et non qualitativement)
" différent d'un phénomène plus simple, le mouvement réflexe. Le pas
" est vite franchi entre cette attitude et celle qui préconise que
" l'approche des phénomènes complexes doit nécessairement passer par
" celle des phénomènes simples, considérés en somme comme des
" phénomènes complexes réduits à leur plus simple expression." (2)

On admettra qu'il existe trois types de réductionnisme. Chacun sera accompagné d'un exemple.

a) Réduction à l'intérieur d'une science (l'équivalent dans la tradition philosophique étant l'associationnisme qui désigne, par exemple chez Hume, le fait de considérer les pensées comme des collections d'impressions). Ainsi Jean-Pierre Changeux affirme dans **L'homme neuronal** qu'aucune réorganisation qualitative ne fait passer du cerveau animal au cerveau humain et qu'il y a simple évolution quantitative.

---

(1) Lamotte : Le réductionnisme : méthode ou idéologie ? - **Lumière et Vie**, t. XXXIV, avril-juin 1985, n° 172, p.5.
(2) Jeannerod : **Le cerveau-machine** - Fayard, 19   , p.40.

b) Réduction d'une science à une autre, par exemple chez Changeux encore pour qui rien ne s'oppose plus désormais, sur le plan théorique, à ce que les conduites de l'homme soient décrites en termes d'activité neuronale.

c) Réduction de la science elle-même (ou de la philosophie). Stephen Jay Gould prétend être de ceux qui voient dans la science non pas un mécanisme objectif, dirigé vers la vérité, mais une activité humaine dans sa quintessence même, influencée par les passions, les espoirs et les préjugés culturels.

II - Le Cercle de Vienne

La problématique du réductionnisme peut être précisée sur le cas du **Cercle de Vienne** qui paraît exemplaire à plusieurs égards :
1) il constitue un réductionnisme aussi radical qu'il est possible; 2) il annonce clairement ses propres fondements, y compris sa base idéologique; 3) il contient une réflexion épistémologique puisqu'il tente de se théoriser comme tel; 4) il rencontre des obstacles et bute sur des limites qui provoquent son échec irrémédiable; 5) il donne lieu à des tenttives de dépassement dans des directions variées (Neurath, Wittgenstein, Popper).

On pourra consulter très utilement en français le très remarquable ouvrage collectif publié sous la direction de Antonia Soulez : **Manifeste du Cercle de Vienne et autres écrits** (3).

1 - Le réductionnisme radical (chez Carnap)

Un énoncé synthétique est vérifié si un contenu factuel peut lui être assigné au moyen d'énoncés protocolaires qui en sont directement déduits. On transforme un énoncé par des définitions successives jusqu'au moment où figurent des données de fait, des **data** sensibles qui ne peuvent eux-mêmes être définis. A partir d'un certain nombre de ces concepts de base obtenus ainsi on constitue de la sorte tous les autres concepts. Carnap est fidèle à l'enseignement de Mach selon qui tout concept dont on ne réussit pas à prouver la filiation légitime à partir de sensations doit être rejeté.

2 - Le fondement idéologique

La philosophie n'existe pas, le corpus des propositions scientifiques épuise la totalité des énoncés dotés de signification. Ce refus est lié à la signification sociale et politique de l'action, selon le point de vue qui va dans le sens de l'histoire. Il faudrait mettre en relation cette idéologie avec l'austro-socialisme et le marxisme à Vienne dans les années 1920. Cependant, pour une science unitaire, qui malgré ses affirmations se révèle subrepticement anhistorique, tout est donné à l'homme, mesure de toute chose.

(3) Presses Universitaires de France, 1985.

3 - L'épistémologie du réductionnisme (Zurückführung)

Elle cherche à viser, au-delà des vocables du langage courant, des termes primitifs de base, à l'aide desquels on reformule pas à pas les expressions que l'on cherche à analyser : c'est la réduction (Zurückführung). Un énoncé doué de sens est logiquement tiré d'un ensemble fini d'énoncés d'observations. Il s'agit donc d'un système **réductif** réalisant par combinaison un système **constitutif**.

4 - Les obstacles et les échecs

a) Même Carnap n'a pas pu tenir cette position car elle aboutit à refuser comme non scientifiques tous les énoncés qui ne sont pas entièrement vérifiables. Carnap utilise alors la **confirmabilité** de plus en plus forte d'une loi. Les énoncés devront donc être réductibles, non plus aux choses observables, mais aux **prédicats** de ces choses.

b) On est ainsi sur la voie qui mène à Neurath. Ce qui m'intéresse n'est pas que Neurath ait ramené tout langage scientifique à celui de la physique mais qu'il l'ait ramené au **langage** (ceci sera repris à la fin), en montrant que tout énoncé protocolaire est **déjà** une hypothèse, donc une **interprétation** des énoncés "pourvus de sens". La connaissance du réel ne se rapporte plus à des énoncés portant sur des objets. L'idée d'un dictionnaire de règles de correspondance (Zuordnung : coordination) permettant d'articuler les énoncés de la base avec des faits extra-linguistiques s'effondre. Il n'y a pas d'énoncés protocolaires purs et primitifs. La science est un ensemble d'énoncés qui renvoient à des énoncés. D'où la formule de Schlick : la science n'est pas le monde.

III - Usage et critique du réductionnisme selon Popper

Popper va partir de deux postulats dont il n'est pas sûr qu'ils soient parfaitement compatibles, mais toute son oeuvre me paraît un effort parfois héroïque et toujours difficile pour tenir ensemble les deux bouts de la chaîne :
1 - la science est un système de concepts auto-constitués et auto-référents, d'où une théorie de la cohérence et une logique du langage;
2 - il existe une réalité objective, d'où une théorie de la vérité comme correspondance et de la rectification progressive des concepts à l'épreuve du réel.

Un texte de l'**Univers irrésolu** (4) met en garde contre une **interprétation réductionniste** du réductionnisme. Popper montre qu'il existe un bon usage du réductionnisme, conçu comme le **moment analytique heuristique** indispensable à toute recherche qui se veut scientifique; on essaiera de mettre en évidence cette réduction **méthodologique**.

1 - Il y a un moment réductionniste dans toute science car il n'existe pas de plus grand succès qu'une réduction réussie : la méthodologie scientifique est foncièrement réductionniste.

(4) Popper : op. cit. 1974 - trad. 1984 - Hermann - pp. 110-111

2 - Mais très peu de réductions majeures ont été une réussite complète (comme c'est le cas de la réduction de l'optique de Young et Fresnel à la théorie électromagnétique de Maxwell), il reste toujours un **résidu.**

3 - Cependant les essais de réduction manqués ou incomplets peuvent nous apprendre beaucoup et sont de grande portée **heuristique,** dans la mesure même où ils n'aboutissent pas.

4 - Enfin, il ne faut pas oublier (ce qui constitue un argument décisif contre le réductionnisme) qu'à côté des causalités montantes (du simple au complexe), il existe des causalités **descendantes** (des cristaux complexes agissent sur des photons, des étoiles créent des particules, la mort d'un organisme entraîne la mort de ses cellules, etc...).

IV - De l'analyse réductrice au réductionnisme

On peut ouvrir quelques perspectives, illustrées par des exemples précis montrant comment l'analyse scientifique légitime **bascule** dans un réductionnisme appauvrissant et mutilant. On pourra alors en étudier plus précisément les manifestations et les principes (cf. Nagel). Ce sera peut-être l'occasion pour mettre en lumière la nécessité d'une épistémologie respectueuse de la **relative indépendance des niveaux,** à la fois unitaire (elle ne distingue pas entre les types de sciences) et pluraliste, fondée sur l'**interprétation** et élaborant des systèmes de **concepts.**

1 - La nécessité de l'analyse

Changeux montre parfaitement que, grâce aux procédés de l'analyse (observation microscopique de plus en plus fine, précision dans l'étude du mécanisme de détail) on a pu arbitrer en faveur des neuronistes (qui pensaient à des cellules indépendantes accolées par contiguïté), le débat neurologique qui les opposait aux réticularistes (partisans d'un réseau continu) : on a en effet pu découvrir les fentes synaptiques, les activités électriques des neurones, les neuro-transmetteurs chimiques. Ainsi, on progresse en isolant par exemple une réaction enzymatique, un tissu, etc On comprend alors pourquoi les progrès actuels de la médecine sont liés à la mise à jour de phénomènes ponctuels sous-jacents .

2 - La chute dans le réductionnisme

Cependant, le même Changeux tombe, à notre avis, dans un réductionnisme quasi caricatural sur deux points :
a) lorsqu'il prétend déduire le **concept** à partir du percept, qui est tiré de l'activité neuronique. Suit alors la déduction de la **conscience** comme système intégré de voies hiérarchiques et parallèles en contact permanent et réciproque avec les autres structures de l'encéphale : c'est du jeu de ces régulations emboîtées qu'elle naîtrait. Il est clair que Changeux joue ici sur et avec le langage : le mot donne l'impression qu'on a déduit l'objet correspondant, erreur d'autant plus paradoxale que par ailleurs, dans l'épistémologie de l'auteur, le rôle du langage est constamment minoré et subordonné.
b) lorsqu'il propose une définition de la structure comme si celle-ci

était totalement rattachée à la notion de fonction, selon la distinction entre ce qui est relativement stable d'une part, et d'autre part les événements instables, distinction purement quantitative reposant sur l'échelle des temps uniquement.

3 - Description du réductionnisme

Selon Ernst Nagel (5), deux conditions formelles sont nécessaires et suffisantes pour aboutir au réductionnisme :

a) la condition de connection (**connectability**), par exemple tous les termes spécifiquement biologiques (cellule, mitose, hérédité) doivent être connectés avec des termes issus du vocabulaire physico-chimique (charge électrique, énergie libre, etc); à la limite les termes biologiques doivent être **éliminables**.

b) la condition de dérivabilité (**derivability**) : toute loi biologique doit dériver de lois physico-chimiques.

Au-delà de Nagel, ces critères permettraient peut-être de déceler de faux réductionnismes, qui ne posent pas de problèmes épistémologiques, par exemple lorsqu'il s'agit de deux branches d'une même science où les concepts sont homogènes et où l'on peut procéder à l'inclusion d'une loi dans une autre (ainsi les lois de Galilée lorsqu'elles furent absorbées dans la mécanique newtonienne).

4 - Le respect des niveaux

a) Les adversaires du réductionnisme parlent de totalités, d'ordre (au sens de hiérarchie), de structures, de phénomènes irréductibles, de systèmes (même si ce mot est peu clair), de holisme, voire dans certains cas particuliers et évidemment avec une extrême prudence, de finalité.

b) On pourrait citer ici la phénoménologie religieuse d'Eliade, foncièrement anti-réductionniste, puisque, tenant compte de l'intentionnalité religieuse selon sa dimension spécifique, elle refuse de la ramener à des conditions psychologiques, sociologiques, historiques... Un phénomène religieux ne sera tel que s'il est appréhendé à son propre niveau. **C'est le niveau de référence qui crée la spécificité du phénomène.** On ne recompose pas un phénomène avec des morceaux qui ne lui appartiennent pas.

5 - Unité et pluralisme de la science

a) Il convient de considérer le problème épistémologique du réductionnisme comme fil directeur, donc sous son aspect unitaire. On échappera ainsi aux trop fameuses distinctions entre Naturwissenschaften et Geisteswissenschaften ou entre comprendre et expliquer, qui nous paraissent de moins en moins pertinentes.

b) Ceci dit, s'il existe une méthodologie scientifique globale, il existe aussi des sciences particulières : ainsi, en Sciences humaines peut-on négliger le fait que les thèmes étudiés sont le support de valeurs ? C'est ce qu'Eliade reproche à Lévi-Strauss d'avoir ignoré : à ses yeux,

(5) Nagel : **The Structure of Science** - 1961.

le structuralisme est un néo-positivisme pour qui la science et la logique sont données dans les choses, et qui débouche sur une pensée sans penseur et une logique sans logicien. Mais (ce qui montre que le réductionnisme est partout) l'accusateur Eliade se trouve à son tour accusé par Cioran d'avoir mis toutes les religions sur le même plan, aboutissant à faire en sorte qu'elles s'éliminent toutes les unes par les autres.

V - Conclusion . De l'objet au concept

Il faut reprendre l'idée de Schlick : la science n'est pas l'objet. Le savant est un cartographe, mais précisément la carte n'est pas le territoire. La science construit des concepts, et les concepts, par nature, ne sont pas des projections de la réalité mais des hypothèses interprétatives. La science ne constitue pas une description, elle fournit une herméneutique. Elle ne fonctionne pas comme le hégélianisme où, disait Adorno, "les choses parlent d'elles-mêmes dans une philosophie qui se fait fort de prouver qu'elle-même ne fait qu'un avec les choses".

Le non-conceptuel est irréductible à la puissance dévoratrice du concept. Il est impossible de **réduire** l'hétérogénéité et les différences du réel à la pensée.

Appendice. Pour terminer sur une note plaisante, j'aimerais citer un court extrait d'un dialogue entre Le Crabe et Le Fourmilier où les admirateurs du désormais célèbre ouvrage : **Gödel. Escher. Bach** reconnaîtront le style savoureux de Douglas Hofstadter :

"**Le crabe** - Le HOLISME est ce qu'il y a de plus naturel à saisir
" au monde. C'est simplement l'idée que "le tout est plus que la somme
" de ses parties". Aucun homme sensé ne pourrait rejeter le holisme.

"**Le fourmilier** - Le REDUCTIONNISME est ce qu'il y a de plus
" naturel à saisir au monde. C'est simplement l'idée "qu'un tout peut
" être parfaitement compris par toute personne comprenant ses parties
" et la nature de leur somme". Aucune femme de bon sens ne pourrait
" rejeter le réductionnisme".

" REDUCTION "

ELEMENTS POUR L'HISTOIRE D'UN MOT

par

Emile Poulat

Au sens où nous en parlons, ni réductionnisme ni réductivisme - mots du langage technique - ne figurent dans nos dictionnaires de langue, dont les plus récents mentionnent brièvement réduction en fin d'article. Il s'agit donc d'un emploi tardif et spécialisé : vocabulaire de philosophes et d'épistémologues qui n'a pas encore droit de cité dans le langage courant.

En revanche, au sens concret, réduction est un mot très anciennement attesté et d'une étymologie incontestable (à la différence, par exemple, de religion). On se trouve donc ici devant une longue histoire et des usages foisonnants. Tout le monde s'en sert, et force est bien de se demander comment - ou même si s'est conservée dans tous ces emplois l'idée originelle que le mot avait en latin.

Pour en juger, il faudrait considérer l'ensemble de la famille à travers le temps : dérivés (dix mots dans le grand Robert, de réductase à réduit) et apparentés (déduction, conduction, induction, production, reproduction, etc., jusqu'au récent **Irréduction** de Bruno Latour) ; puis passer du champ lexical au champ sémantique où apparaissent d'autres mots formant constellation (abstraction, construction, suspension, etc.).

En latin, **reductio** et **reducere** souffrent déjà d'une ambivalence du préfixe : re-, c'est ramener à soi ou en arrière. **Reductus**, c'est un lieu retiré ; **reducta** (au neutre pluriel), ce qui se trouve mis à l'écart. **Reducere**, c'est faire revenir d'exil, de captivité ; c'est ramener en prison ou sur le trône, ou encore au devoir, en grâce, à la santé ; c'est sauver de la mort ou remettre en mémoire...

Le mot a eu toute une fortune dans le langage ecclésiastique, à peu près ignoré des dictionnaires. Classique : Fr. de Salazar, **La conversion d'un pécheur réduite en principes** (1822). Spirituel au XVIIème siècle : réduire l'homme, c'est le soumettre à Dieu et à ses devoirs. Vestige d'une très ancienne tradition théologique : les **réductions** du

Paraguay, qu'on appelait aussi **rédemptions** : par sa mort sacrificielle, Jésus avait racheté au diable les hommes du péché et les avait ramenés à Dieu. Les réductions jésuites opéraient un double rachat : du démon et de la sauvagerie ; elles amenaient les Indiens à la foi chrétienne et à la vie policée. Rien à voir, donc, avec un modèle réduit de société parfaite ou l'anticipation utopique d'un monde idéal : nous sommes dans un chapitre de la théologie de la rédemption et de la mission, un peu à la façon dont le XIXème siècle aura ses Providence et ses Bon Pasteur.

Le meilleur témoin des usages modernes, c'est encore le Littré dont le tome IV date de 1872 : numérotés de 1 à 14 (le supplément de 1877 en ajoutera un quinzième), tous se situent dans la sphère de l'action, soit pratique, soit opération. En tête vient la chirurgie : réduction d'une fracture ou d'une luxation (sens attesté depuis Lanfranc, au XIème siècle). Puis la chimie : ramener à l'état métallique un composé oxygéné ou soufré ; d'où les corps réducteurs. Puis la géométrie : réduire l'échelle d'une figure ou diviser une figure plane en plusieurs parties. Puis la peinture : copie d'un tableau ou d'un objet en moindre grandeur. Puis la musique : arrangement d'une partition pour plusieurs instruments en vue d'un seul. Puis la métrologie : conversion de mesures, monnaies, etc. ; de là en arithmétique, réduction de fractions ou de polynômes à une expression plus simple, jusqu'à sa forme irréductible, ou au même dénominateur. Puis l'astronomie : corriger une observation des effets de la réfraction, de la parallaxe, de la précession. Puis la logique : réduction à l'absurde ou à l'impossible ; d'où réduire une objection. Vient alors un groupe largement accueillant, où réduire, c'est diminuer tout ce qui peut l'être : un liquide par évaporation, le train de vie d'une famille (chez Montesquieu, le mot est synonyme de notre dévaluation), un legs, une donation, une rente, etc. Un sens qui fera fortune : on réduira les prix, les salaires, les horaires, les tarifs, le personnel. En Dauphiné existait même l'expression "se rédimer", pour dire "se restreindre", réduire ses dépenses. En treizième lieu, Littré retient un sens ancien à objet multiple, où réduire, c'est "subjuguer", soumettre : on réduit une révolte ou un pays, on réduit à l'obéissance ou à la misère, à merci, à rien... Enfin, point 14, l'inévitable rappel des réductions du Paraguay, mais sans explication sur l'origine de l'appellation (d'où le risque de contamination par le point précédent). Enfin, au supplément, le sens d'amaigrissement médical.

Le Littré n'épuise pas son sujet qui, par ailleurs, a continué de s'enrichir. On n'y trouve pas la réduction en esclavage ou en servitude ; ni, en langage ecclésiastique, la réduction à l'état laïc, ou la réduction d'une fondation (quand ses revenus ne sont plus en rapport avec son objet) ; ni la réduction d'un corps, opérée par un fossoyeur sous certaines conditions ; ni, plus récemment, dans le jargon parlementaire, les "réductions incitatives de crédits", ou, en statistique, la réduction des "données" ; en justice, une réduction de peine. Au sens figuré, on parle de réduire un désaccord ou, de manière impropre, de réduire la distance entre deux villes quand on a diminué le temps nécessaire pour aller de l'une à l'autre.

Un usage nouveau est apparu avec la phénoménologie et ses deux réductions : eidétique et transcendantale, qui ne sont, explicitement qu'une suspension (**époché**) du jugement. En un sens, l'inverse d'une démarche scientifique : la phénoménologie, comme son nom ne l'indique pas, se préoccupe d'éliminer le contingent et l'accidentel pour atteindre des structures nécessaires, d'une tout autre nécessité que celle qui résulte de la méthode expérimentale. Bien auparavant, Claude Bernard avait déjà observé comme la pratique médicale suivait une démarche aux antipodes de la médecine expérimentale : "Le médecin n'est point " le médecin des êtres vivants en général, pas même le médecin du " genre humain, mais bien le médecin de l'**individu** humain, et de plus " le médecin d'un individu dans certaines conditions morbides qui lui " sont spéciales et qui constituent ce que l'on a appelé son idiosyncrasie...'(1).

De ce rapide tour d'horizon, plusieurs conclusions se dégagent :

1) Nous n'y trouvons pas le couple réduction-réductionnisme (ou réductivisme) au sens qui nous réunit. Comment s'est-il introduit et répandu, toute l'enquête historique reste à faire.

2) Au sens concret ou figuré dont nous avons suivi le cours, on lui découvre plusieurs valences : réduire, c'est diminuer, ou décomposer, ou rapprocher, ou rabaisser, ou soumettre ; c'est aller du multiple à l'un, du complexe au simple, du grand au petit... Selon son objet, cette réduction peut être effective (sous deux formes : opérative, par exemple en chimie ; symbolique, en arithmétique) ou hypothétique (commodité que s'accorde le sujet). Elle peut aussi prendre plusieurs directions : d'un domaine à un autre (la logique à la mathématique, ou l'inverse ; l'histoire à la sociologie, ou l'inverse) ; d'un ordre à un autre (la psychologie à la physiologie, la biologie à la physique) ; d'une échelle à une autre ; d'un état supérieur à un état inférieur ; d'un degré supérieur à un degré inférieur...

3) Comme démarche intellectuelle, la réduction est connaturelle à l'homme, individu ou société, et témoigne de ses limites : qu'il s'agisse de la gestion de sa vie quotidienne (le cercle de ses relations et de ses curiosités) ou de sa perception du monde environnant (ethnocentrisme, égocentrisme). Le sens de l'universel n'est jamais une donnée originelle : plutôt une perspective eschatologique et une gésine difficile.

4) Spécifiquement humaine, l'activité scientifique non seulement n'y échappe pas, mais elle doit tirer méthodiquement parti de cette situation et la théoriser. Comme l'a écrit un auteur peu suspect, "la recherche scientifique est réductrice ou elle n'est rien" (2). Elle procède par délimitation du champ (de la science **aux** sciences), par définition de principes, de méthodes et de procédures, par capacité d'outillage (mental et instrumental).

5) Pourtant, ce type de réduction est par nature contentieux : entre la réduction nécessaire, tout au moins légitime, et la réduction indue, la frontière est parfois indécise, en tous cas toujours disputée. Deux exemples : des géographes se sont plaints récemment d'une "déviation", la réduction de leur discipline au terme d'**espace** ; la critique littéraire, de son côté, a posé la règle de la "clôture du texte", réduit à lui-même, purgé de son contexte et même de son auteur.

(1) **Introduction**, éd. 1920, p. 145.

(2) Girard : **Des choses cachées**, p. 48.

6) Ces querelles inter- ou intra-disciplinaires sont saines en soi : elles renvoient les spécialistes à la confrontation de leurs résultats, qui juge l'arbre à ses fruits. La véritable question, sans solution positive, tient à la double critique instituée par Kant et par Marx : la science réduite à l'ordre des phénomènes, donc de la nature (excluant ainsi tout "surnaturel") ; les "superstructures" idéelles réduites à leur "infra-structure", à leur base matérielle. A ce point, on retrouve la double aporie qui a beaucoup occupé le siècle passé (et même le nôtre) : comment le supérieur peut-il sortir de l'inférieur par "évolution" et - homologiquement - comment l'autorité peut-elle venir du nombre ?

Héritage de mots, héritage d'idées, disait Brunschvicg. Pour éviter de nous égarer dans les idées, imitons le Petit Poucet et suivons les mots à la trace.

REFLEXIONS

SUR LE REDUCTIONNISME METHODOLOGIQUE

par

Jeanne Parain-Vial

Le mot réductionnisme est-il adéquat ? Ne risque-t-il pas d'entrainer des confusions, même lorsqu'il est utilisé dans l'expression admise depuis Popper : réductionnisme méthodologique ? Telle est la question à laquelle je tâcherai de répondre. Je n'ai certes pas l'intention de faire une querelle de mot et je ne vois aucun inconvénient à ce qu'on continue à employer cette expression consacrée, pourvu qu'on ait pris conscience de ce qu'est vraiment la méthode scientifique qu'elle désigne.

Le mot réductionnisme, on le sait, peut désigner :
1 - une métaphysique matérialiste scientiste qui prétend expliquer un niveau de réalité considéré à tort ou à raison comme supérieur, par un niveau considéré comme inférieur : l'esprit pensant et aimant par la vie ou du moins ce qu'en connaissent les biologistes, la vie par la matière.
2 - une méthode scientifique féconde et légitime qui utilise pour appréhender et décrire des phénomènes, ce qu'une science plus abstraite nous apprend sur leurs conditions, par exemple les conditions chimiques des phénomènes physiologiques, les conditions cérébrales des phénomènes de pensée.

Je dis bien science plus abstraite (et non science supérieure ou inférieure) et je dis bien condition et non cause, mot employé par les réductionnistes comme par les scientistes au sens très confus de cause efficiente.

Il semble que dès qu'une science atteint un certain degré de développement, elle tend à éliminer cette catégorie d'intelligibilité qu'est la cause. On n'arrive, en effet, à la définir ni comme antécédent constant, ni comme cause productrice, ni comme loi, ni comme condition nécessaire. Personne ne dira que l'oxygène est cause de la respiration, encore qu'il lui soit nécessaire. Inutile d'insister. Aujourd'hui, les sciences préfèrent la catégorie de loi et celle de structure surtout, car elles prennent conscience de la multiplicité des conditions qui doivent être réalisées pour qu'un phénomène se produise.

J'insisterai en revanche un peu sur la notion de science plus ou moins abstraite. Il est nécessaire de la préciser pour traiter les deux parties de cet exposé. Dans la première, je montrerai, sur un exemple simple, que les méthodes qui correspondent à ce que l'on appelle réductionnisme méthodologique ne "réduisent" pas à proprement parler les conditions multiples d'un phénomène à une seule. Dans la seconde, en répondant aux objections que l'on pourrait me faire, je montrerai pourquoi l'expression : réductionnisme méthodologique, tend à susciter un réductionnisme ontologique qui s'est révélé non seulement métaphysiquement mais scientifiquement inacceptable, étant non un postulat scientifique, mais une mauvaise interprétation philosophique des sciences.

Dans la réalité dans laquelle nous sommes en situation, il n'existe que des êtres concrets, individuels, uniques. Deux feuilles, deux cellules et même deux produits de l'industrie, à supposer qu'ils nous paraissent structurellement identiques, diffèrent au moins par leur position dans l'espace et dans le temps. Par leurs méthodes spécifiques, les sciences de la nature ne peuvent pas atteindre les individus en tant qu'uniques et historiques. Par un acte d'abstraction plus ou moins poussé, elles atteignent des propriétés. Celles-ci peuvent être communes soit à toutes les réalités sensibles connues (par exemple celles dont s'occupe la mécanique classique), soit seulement à un sous-ensemble de ces réalités : par exemple celles qui appartiennent à tous les êtres vivants, ou celles qui appartiennent seulement à une espèce. Cela est vrai aussi des sciences de l'homme. Seule l'histoire événementielle tente d'atteindre des êtres concrets (Charlemagne, Louis XIV), mais elle les décrit en nuançant les unes par les autres les propriétés communes désignées par les mots qui sont tous abstraits (à l'exception des noms propres). Cela prouve que lorsqu'une science étudie une propriété, que ce soit la lumière, telle réaction chimique ou l'ambition, elle tend à éliminer le temps vécu et l'histoire. L'abstraction qui rend possible le langage est le moyen fondamental de l'intelligence humaine. Elle constitue notre supériorité sur l'animal, mais elle atteste évidemment notre infériorité par rapport à la pensée divine. Notons, entre parenthèses, que l'homme peut connaître concrètement quelques êtres dans la mesure où il les aime, mais il ne s'agit pas de connaissance scientifique.

Cela précisé, je repose ma question : est-il correct de dire qu'un phénomène est "réduit", quand on découvre, grâce à une science plus abstraite, qu'il est en corrélation avec des phénomènes étudiés par des méthodes propres à cette science ? Par exemple, que le son (en tant que phénomène psychique) est en corrélation avec un état électro-chimique du nerf auditif et aussi avec les vibrations de l'air, telle fonction biologique d'une cellule avec des modifications chimiques, telle perception ou émotion avec tel état cérébral ou hormonal du corps humain ? Si le spécialiste d'une science se contente de dire que, sur le phénomène décrit, il a obtenu des renseignements nouveaux, le mot réductionnisme méthodologique est inadéquat. On est donc tenté, pour que l'expression ait une apparence de justification, ou bien d'employer une formule faisant intervenir la restriction "que", ou bien d'admettre qu'on a trouvé la cause ou la condition nécessaire du phénomène. Ainsi peut-on dire, sans choquer personne, que le son n'est **qu'un** phénomène ondulatoire ou a pour cause les vibrations de l'air. Personne n'est choqué, car on ne croit pas que cette formule identifie vraiment le phénomène conscient qu'est le son qu'entend tel homme avec une onde et ainsi ne prend-on pas garde aux dangers de la formule. En revanche, on s'inquiète quand Monsieur Changeux, dans une conférence intitulée **Les Progrès des sciences du système nerveux concernent-ils les philosophes** ? (*), parle "d'identification de l'objet mental décrit en termes mentalistes **via** l'introspection avec les phénomènes physico-chimiques cérébraux" (p.93). On s'inquiète aussi quand on dit que la peur a pour cause telle hormone des capsules surrénales (puisque, affirme-t-on, il suffit d'injecter cette hormone pour provoquer cette émotion) (1). On s'inquiète, car on sent obscurément qu'à la faveur du mot: **que**, s'opère la transformation d'une corrélation entre deux propriétés abstraites en identification de deux réalités concrètes ou en liaison de ces deux réalités par la catégorie de cause efficiente. Simone Weil signalait déjà le danger de ce mot : **que**, car il a justifié beaucoup de crimes par des formules telle que : "ce n'est qu'un juif ou qu'un nègre", j'ajouterai "qu'un animal". Le mot réductionnisme présente le même danger, car, sans qu'on s'en rende compte, le mot réduction ou réductionnisme laisse croire que la cause ou la condition nécessaire d'un phénomène est trouvée ou au moins que ce phénomène est scientifiquement expliqué. Le chemin est alors ouvert au réductionnisme métaphysique qui est matérialiste. Ce n'est pas, en effet, parce qu'en étudiant les neurones avec les méthodes de la chimie, on découvre, évidemment, seulement des propriétés chimiques, que l'on a le droit de dire : les neurones et les phénomènes mentaux correspondant ne sont que des phénomènes chimiques. C'est exactement comme si, à partir des réponses qu'un homme a données à un questionnaire portant sur sa santé ou sur son métier, on déduisait qu'il n'a aucune croyance religieuse. En employant une méthode, c'est-à-dire un questionnaire, on n'obtient que le genre de réponses qu'appelle ce questionnaire.

Je voudrais montrer que loin d'avoir atteint la cause du phénomène étudié, le savant a par d'autres méthodes, découvert une propriété nouvelle d'un système de propriétés que nous appellerons **x** (car il est inconnu) système dont le savant atteignait auparavant d'autres propriétés par d'autres méthodes scientifiques, ou tout simplement directement par ses sens.

Reprenons notre exemple et essayons d'énumérer sommairement les données que peuvent recueillir les différentes sciences sur ce système de propriétés que l'on appelle son et dont je postule l'unité :
1 - Une donnée de conscience, la mienne ou celle de l'acousticien, que l'on appelle aussi son. Elle donne son nom à tout le système.
2 - Différentes données visuelles : la corde ou le tuyau dans lequel on souffle.
3 - D'autres données visuelles que l'observateur enregistre grâce à des appareils et qu'il interprète comme mouvement ondulatoire. Il en mesure la vitesse et la longueur d'onde, etc.
4 - L'air, qui correspond à toutes sortes de données sensibles dont celles que nous procurent la respiration, le tact quand nous sentons

(*) Bulletin de la Société Française de Philosophie, juillet-septembre 1981.

l'air à travers un tuyau sonore, etc.
    5 - Toutes sortes de données visuelles obtenues par électro-
encéphalogramme, scanner, dissections anatomiques, etc., sur l'état du
cerveau et de l'oreille humaine, etc.
Il y a certainement beaucoup d'autres données plus ou moins connues et
accessibles : nature du métal des cordes, forme du tuyau sonore,
humidité de l'air, etc.

    Mais faisons attention à la cinquième sorte de données. Avec elle
s'introduit un second postulat scientifique, le premier étant l'unité du
système de propriétés désigné par le mot son. L'observateur admet que
lorsqu'il entend un son, il se passe dans son propre cerveau la même
chose que ce que de nombreux observateurs à l'aide de méthodes variées
ont observé dans le cerveau de n'importe quel homme qui dit entendre
un son ou même dans le cerveau des animaux qui, nous semble-t-il,
réagissent au son. Le système x est donc reconstitué à partir de données
de conscience de nombreux observateurs, sans parler de celles de tous
les savants qui ont étudié l'anatomie, la physiologie de l'oreille et du
cerveau, ainsi que des interprétations scientifiques de ces données.

    J'ai énuméré quelques-unes des données de conscience qui peuvent
être obtenues par les différentes sciences et leurs différentes méthodes
à propos de ce x que ma conscience perçoit d'abord comme son. Mais
il est bien évident :
    a) Que les moyens d'investigation, en particulier ceux du cerveau,
dont les progrès sont pourtant éblouissants, laissent en dehors d'eux
d'immenses zones d'inconnu. De même, les moyens d'investigation portant
sur la nature microphysique de la corde et des matériaux à travers
lesquels se propage le son, ne nous fournissent que des connaissances
partielles. Il en résulte que la reconstruction de x à partir des interprétations de toutes les données sensibles reçues des différents appareils
de mesure, cette reconstruction, dis-je, est hypothétique et laisse
d'immenses zones inconnues que vont s'efforcer d'étudier d'autres sciences.
    b) Il est bien évident aussi que cet x inconnu que l'on situe arbi-
trairement en dehors de la conscience (à supposer que ce "en dehors"
ait le moindre sens) n'est ni localisable, ni ponctuel (il est à la fois en
dehors de mon corps et dans mon corps). Ne me dites pas, que s'il n'y
avait pas d'oreilles, le son existerait tout de même, ou du moins
qu'existerait un mouvement vibratoire en soi. Vous n'en savez rien. Moi
non plus. Nous ne connaissons que ce qui est présent à la conscience ou
mieux ce à quoi la conscience est présente, c'est-à-dire les aspects de
x que seuls nous pouvons étudier.

    Par conséquent ce qu'étudient les sciences sous le nom de son est
un système de propriétés abstraites appartenant à des réalités occupant
un espace indéterminé (dont font partie le corps et ses sens), et auquel
la conscience est présente, me semble-t-il, par l'intermédiaire de
ceux-ci (vue, ouïe, etc., seuls ou aidés par des appareils). Ainsi sont
révélés des aspects différents de cet x, les uns visibles, les autres
jusque-là cachés. Une méthode nouvelle (le scanner, par exemple) peut
nous faire connaître l'un d'eux par certains de ses effets visibles interprétés par le spécialiste.

    Que résulte-t-il de cette analyse ? A notre avis, deux remarques
importantes :

1 - Il faut reconnaître à la conscience humaine d'étranges propriétés. Elle n'est pas localisable, elle a une certaine ubiquité, elle est présente au corps, mais aussi hors du corps, ou plus exactement elle est présente à toutes sortes de données dont les unes constituent un système : **x** ; dans l'exemple choisi nous l'appelons **son**. C'est cet **x** qui est l'objet de l'activité scientifique.

2 - Cette analyse nous éclaire aussi sur la manière dont les savants sont obligés de traiter cet **x**, s'ils veulent aboutir à une connaissance scientifique, c'est-à-dire recueillir des données précises de préférence mesurables et les mettre en relation. Chacun d'eux est obligé de choisir et de considérer comme isolés deux ou plusieurs aspects de cet **x** : par exemple les variations de hauteur du son en tant que données conscientes et les différences de longueur d'onde, ou bien cette conscience (du son) et les phénomènes électriques ou chimiques révélés par l'interprétation des données visuelles fournies par l'électro-encéphalogramme, le scanner, etc., quand on observe le cerveau d'un sujet déclarant entendre un son. Chacun de ces choix est dicté à la fois par la nécessité de limiter l'étude théorique et par des soucis pragmatiques. L'acousticien qui s'occupe de la propagation du son dans l'air et à travers les solides n'a pas à résoudre les mêmes problèmes pratiques que le physiologiste. Il a à obtenir le silence dans la pièce où je réside, il le peut soit en détruisant les cordes vibrantes du violon de mon voisin musicien, soit en isolant les murs de la pièce. Il ne songe pas un instant à me crever les tympans. La causalité n'est pas une catégorie d'intelligibilité, c'est une catégorie pragmatique. La cause d'un phénomène, c'est la partie de ce phénomène sur laquelle on peut agir. Pour un médecin, la mort d'un homme qui a reçu un coup de couteau a pour cause, par exemple, le manque d'antibiotiques qui a empêché d'enrayer l'infection de la plaie ; pour le juge la cause est le crime ; pour le psychologue la cause peut être recherchée dans des traumatismes de l'enfance, etc. Précisons encore que, même dans leurs études limitées, les spécialistes négligent presque toujours toutes les conditions habituelles de l'existence du phénomène, conditions inconnues ou conditions connues, par exemple : la lumière solaire, la présence de l'air, etc., sans lesquelles évidemment il n'y aurait eu, dans l'exemple précédent, ni crime, ni victime. Nous ne pouvons évidemment admettre qu'il n'existe aucune condition inconnue. (2)

Quelle est l'erreur du réductionnisme matérialiste et la tentation du réductionnisme méthodologique ? C'est, à notre avis, d'ériger un état de fait inévitable de la connaissance scientifique en état de droit ; en d'autres termes de choisir dans l'indéfini des conditions d'un phénomène les seules conditions qui nous intéressent d'un certain point de vue ou sur lesquelles nous pouvons agir. Dès lors le réductionniste déclare : "le son est un mouvement vibratoire" et comme Changeux : "l'influx nerveux est réductible à des états chimiques et électriques" (*) ou "l'objet mental est identifiable à des états cérébraux". Précisons que Monsieur Changeux n'est pas représentatif de tous les biologistes, mais il est tout de même le type de ceux qui, pratiquant avec brio un réductionnisme

(*) **Op. cit.** p. 81.

méthodologique inévitable et fécond, passent allègrement à l'affirmation d'un réductionnisme métaphysique matérialiste.

Le passage serait impossible si on s'exprimait d'une façon beaucoup trop longue mais, à mon avis, plus correcte, en disant : quand nous observons une corde vibrante de telle matière, telle longueur, etc... des mouvements ondulatoires de l'air, un certain état de l'oreille, certains phénomènes cérébraux chez un homme, etc... etc... Cet homme répond à la question : "Qu'entendez-vous ?" par une phrase du type : "J'entends un sol dièse". Pour le savant, me semble-t-il, les différentes observations, les différents aspects de la réalité sont complémentaires. Cette notion de complémentarité utilisée par la microphysique me paraît beaucoup plus adéquate que celle de réduction.

Je voudrais maintenant passer à ma seconde partie. Si beaucoup de spécialistes glissent, presque sans s'en rendre compte, du réductionnisme méthodologique au réductionnisme ontologique, c'est parce qu'il est pratiquement impossible d'utiliser la formulation prudente et à mon avis seule scientifique que je viens d'indiquer. Elle a pourtant l'avantage de ne poser ni le problème de la communication matière pensée, ni celui de la réduction de la pensée à la matière. En analysant les raisons pour lesquelles une formulation plus courte induit en tentation de réductionnisme ontologique, je répondrai aux objections qu'on peut faire à mon analyse et que l'on pourrait formuler ainsi : "En vous plaçant du point de vue des méthodes d'investigation des propriétés du réel, vous méconnaissez les résultats acquis par les sciences. Ne nous ont-elles pas appris que les propriétés physiologiques des corps dépendaient des propriétés physico-chimiques, et celles-ci des propriétés des atomes ? Le réel ne se présente-t-il pas comme un puzzle que nous pourrions reconstituer si nous en connaissions les lois, et qu'au reste, nous reconstituons en partie ? La preuve en est que, comme l'a dit Monsieur Delsol, rien n'empêche de croire qu'après avoir fait la synthèse de l'eau, nous pourrions faire celle d'un oeuf humain puisque la chimie organique n'est pas hétérogène à la chimie minérale. Or, la possibilité de la synthèse est la preuve que nous avons découvert tous les éléments composant la réalité, toutes les conditions du réel, et ces conditions sont chimiques, matérielles."

La formulation inévitablement écourtée des faits scientifiques et les objections que je viens de résumer ont les mêmes causes dont nous allons examiner les deux principales.

La première, c'est le caractère pragmatique non éliminable des sciences. Elles ne commencent qu'à peine à en prendre conscience. Il est double : d'abord toute recherche est une intervention dans le réel; en second lieu toute connaissance acquise ouvre des possibilités de manipulation qui accroissent la connaissance théorique. On tend donc à confondre manipuler et comprendre.

La seconde cause est l'obnubilation de la conscience de l'invisible par la perception de ce qui est spatial et visible. Elle est commune à tous les hommes. Nous ne faisons pas attention à l'activité de la pensée invisible quand nous sommes occupés par ce qu'elle nous révèle de visible (au sens large de sensible) et nous admettons que le son, pour reprendre notre exemple, et le monde sensible en général, sont non seulement hors de notre corps mais hors de la conscience.

Considérons la première raison et l'objection qui en résulte. Les sciences ont réussi des manipulations et des applications spectaculaires en physique ; actuellement, en biologie, elles peuvent, par exemple, modifier les caractères des espèces. Pourquoi ne feraient-elles pas la synthèse d'un oeuf humain ? A supposer que cela devienne possible (affirmation trop imprudente (3) pour être scientifique, me semble-t-il), qu'est-ce que cela signifierait ? A mon avis simplement que l'homme est capable de synthétiser un oeuf humain à partir d'éléments minéraux, comme il a synthétisé l'eau à partir de l'oxygène et de l'hydrogène. Cela ne signifierait ni que le vivant n'est qu'un phénomène chimique, ni qu'on peut déduire les propriétés physiologiques de ce vivant concret à partir de la connaissance abstraite de ses propriétés chimiques, ni que l'on a expliqué le vivant, c'est-à-dire que l'on en connaît toutes les conditions d'apparition, ni même que l'on connaît vraiment ce que l'on manipule. Le chimiste a fait la synthèse de l'eau bien avant que la micro-physique ne lui laisse entrevoir quelques-unes des propriétés atomiques qui "expliquent" cette synthèse. Qui oserait aujourd'hui, à supposer qu'un malin génie lui donne la recette d'un oeuf humain, jouer à l'apprenti sorcier ? Nous pouvons hélas manipuler ce que nous ne connaissons pas. Nous pouvons synthétiser ce dont nous ignorons non seulement la cause efficiente véritable (qui est aussi celle de tous les éléments mis en oeuvre à cette occasion) mais les conditions inconnues de cette synthèse, qui sont immanentes à l'univers dans son état actuel.

Manipuler une réalité n'équivaut donc pas à la connaître, ni non plus à prouver que l'aspect chimique visible et manipulable de cette réalité est la **cause** des autres aspects, puisque précisément ces conditions chimiques ont été réunies par une cause invisible qu'on oublie : la volonté et l'intelligence du savant utilisant non seulement les conditions connues de l'apparition du phénomène qu'il produit mais certainement toutes sortes de conditions inconnues de lui. C'est d'ailleurs ce qu'a en dernière analyse reconnu M. Delsol quand, après avoir dit : "le vivant se réduit au chimique", il a ajouté "mais nous ne savons pas ce qu'est le chimique" ; puisque la micro-physique découvre à cette "matière" d'étranges propriétés.

Mais dira-t-on, l'intervention de l'intelligence humaine et de sa force physique n'a pas à être considérée comme une cause. Ce que fait l'homme, le hasard a pu le faire dans un monde purement matériel.

Ce rebondissement de l'objection montre que l'intelligence humaine peut se contenter d'explications purement verbales puisqu'elles se réduisent à un mot plaqué sur notre ignorance qui refuse de se reconnaître. Nous ne savons pas ce qu'est le hasard (je ne parle pas de celui que manie le calcul des probalités) mais du vrai hasard dont Lyssenko se méfiait à juste titre, redoutant qu'il ne masquât une Providence. Monsieur Delsol a fait preuve d'esprit scientifique en reconnaissant que nous ne savons pas non plus ce qu'est la "matière" et a vu clairement que le scientiste vit dans l'illusion quand il lui attribue une valeur explicative. Ce que nous verrons mieux, en examinant la seconde raison qui explique le réductionnisme, c'est-à-dire l'inattention habituelle du savant à l'activité invisible de la pensée humaine et à l'Invisible en général.

Pour se rendre compte que l'activité consciente est à la fois origine et donnée première de toute connaissance, il suffirait pourtant de réfléchir. Tous homme peut, avec Descartes, prendre conscience du "je pense". Il faut être reconnaissant à la micro-physique d'avoir obligé les savants à en prendre conscience. En outre, la physique de l'atome ne nous révèle pas comme on aurait pu l'espérer l'élément ultime et simple du grand puzzle que serait un univers indépendant de nous, elle nous révèle au contraire que ce qu'on croyait élémentaire est complexe et que la connaissance que nous en prenons le modifie. En outre, l'univers est historique (au sens d'apparition de phénomènes nouveaux), Prigogine a attiré l'attention sur ces faits d'organisation "spontanée". Sans doute les théories de l'évolution auraient dû le faire depuis longtemps si nous n'avions été obnubilés par l'idée réductionniste que l'univers était un grand puzzle extérieur à nous, composé d'éléments simples et que nous pouvions le penser, faire même des synthèses partielles, grâce aux lois de composition de ces éléments.

Certes, à la matière visible et intelligible de Descartes, définie clairement comme étendue et mouvement, les savants avaient bien été amenés à ajouter des notions obscures comme celles de forces diverses. Mais les scientistes gardaient l'idée que la matière était une chose à la fois visible, intelligible et explicative. En fait, dit Paul Musset, dans une conférence faite à la Société française de Philosophie, le 26 janvier 1985, "l'élémentaire s'est révélé complexe", on a "jusqu'ici identifié plus de deux cents états de la matière", et il ajoute : "l'abondance des particules ainsi artificiellement produites leur enlève leur statut d'éléments fondamentaux" (*), en tous cas d'éléments simples, si l'on en juge par la complexité des mathématiques auxquelles est obligé de faire appel le physicien nucléaire. Bien plus ces "éléments" ne se laissent appréhender (comme la réalité à notre échelle) que par leurs propriétés (complémentaires) et seulement à travers les effets qu'ils produisent, ce qui exige des méthodes différentes et, ajoutons-le, de plus en plus coûteuses (4). Enfin, ces propriétés sont difficiles à penser dans la logique qui gouverne le langage, elles ressemblent, en effet, à celles de la pensée : non visibilité, non localisation ou communication instantanée (selon la manière dont on interprète le non-respect des inégalités de Bell), etc. Enfin, la physique quantique prend conscience que la chose connue n'est pas séparable de l'esprit connaissant, pas seulement, comme on l'a toujours su, parce que l'intelligence est obligée d'en construire une représentation, mais parce que la connaissance expérimentale est un acte qui modifie la chose sur laquelle elle s'exerce. Ainsi le savant ne peut plus négliger l'existence de deux invisibles : celui de sa propre pensée décidant de l'expérience à faire, et celui de la prétendue "matière" qui rend compte du sensible.

Le savant ne peut donc plus jouer aujourd'hui au mauvais métaphysicien et dire que la pensée est un état cérébral connaissable par la chimie, c'est-à-dire raisonner d'une façon encore plus simpliste et anti-scientifique qu'un ouvrier électricien qui naîtrait dans un monde ou existeraient des centrales électriques et des ampoules et qui un jour,

(*) p. 43.

ayant eu l'idée de relier ces ampoules aux dynamos des centrales par un fil de métal, déclarerait : "la lumière, c'est du métal". En d'autres termes, la connaissance scientifique apparaît de plus en plus comme la rencontre de l'activité historique à la fois invisible et visible de l'homme et d'une réalité elle aussi à la fois visible, invisible et historique dont nous faisons partie. Cette participation permet d'entrevoir plus facilement que nous puissions connaître le réel. Nous pourrions même nous demander, si les spécialistes des sciences de la Nature ne se trouvent pas dans une situation analogue à celle des spécialistes des sciences de l'homme, qui infèrent l'invisible qu'est la pensée d'autrui à partir de signes sensibles : actes, paroles, larmes ou rire ? Il faut prendre garde, car la différence est considérable : les inférences du savant concernant les propriétés invisibles de la réalité ne sont pas, comme les nôtres et celles des spécialistes des sciences de l'homme, guidées par l'intuition que la pensée et les sentiments d'autrui sont analogues aux nôtres. En outre et surtout le spécialiste des sciences de la Nature n'a pas à interpréter les signes que lui envoie le monde, il a seulement à relier des données sur lesquelles tous les observateurs s'accordent. Il n'a pas à "comprendre", il a à "expliquer" pour reprendre les distinctions de Dilthey. L'explication est rigoureuse et objective tandis que la compréhension est toujours plus ou moins discutable.

De ce qui précède, il résulte qu'il n'y a aucune raison scientifique de postuler une dualité entre un monde sensible matériel et la pensée humaine, dualité que précisément les matérialistes veulent réduire. La dualité qui subsiste entre invisible et visible n'est pas du même ordre que celle de la substance matérielle et de la substance pensée, le visible n'est pas hétérogène à la pensée puisqu'elle le pense et qu'elle se manifeste elle-même par des signes visibles. Il n'y a donc aucune raison scientifique de postuler le primat du monde sensible qualifié de matériel sur l'activité pensante qui le connaît et sans laquelle il n'y aurait ni données sensibles ni sciences. Il n'y a aucune raison de postuler que le monde est non conscient et hors de la pensée humaine au moment même où nous en avons conscience. Si donc on ne postule pas la dualité de la matière et de la pensée, les sciences n'ont plus à se poser des problèmes métaphysiques insolubles, tels que : comment engendrer la pensée à partir de la matière ou comment communiquent ces deux substances ?

Cela ne veut pas dire qu'il ne reste pas au métaphysicien à méditer sur le monde sensible et sur l'être, mais cela veut dire que la science n'a pas à le faire en tant que telle. Elle peut seulement donner une description cohérente du monde sensible grâce au principe de complémentarité en posant seulement deux postulats : la similarité de certaines données sensibles chez les êtres humains, la communication des consciences humaines invisibles par signes visibles, ce que, en accord avec le sens commun, admet tout métaphysicien. Le savant, en tant que savant, ne connaît pas plus que n'importe quel autre homme la nature de la pensée et de l'activité intelligente qui étudie le sensible, et cela, même s'il connaît, en tant que physiologiste, quelques-unes des conditions chimiques cérébrales qui sont nécessaires aux manifestations visibles de cette pensée.

Que de ces considérations nous ne puissions déduire aucune connaissance scientifique concernant la cause ou l'origine du visible et de l'invisible, nous en convenons bien volontiers. Nous demandons seulement au savant de ne pas masquer son ignorance par des mots : matière, hasard, qui sont tout aussi peu scientifiques que l'expression méprisée de "force vitale", et de laisser au métaphysicien la tâche de trouver les arguments qui permettent de choisir pour la cause du réel un nom qui restera toujours mystérieux, que nous options pour Nature ou pour Dieu.

Que pouvons-nous conclure alors de ces considérations ?

Nous voudrions insister sur trois points dont les deux premiers devraient être tombés dans la banalité.

1 - La notion de réductionnisme ontologique qui déjà impliquait des postulats métaphysiques matérialistes inacceptables a perdu aujourd'hui toute crédibilité : la matière n'est ni simple ni explicative.

2 - L'expression de réductionnisme méthodologique risque d'induire en erreur. Elle sous-entend, en effet, que la réalité impose aux sciences de faire abstraction des conditions multiples d'apparition d'un phénomène pour pouvoir établir des relations entre certaines de ces conditions, alors que cette attitude nous est imposée par les limites de notre intelligence et de nos possibilités d'intervention dans le réel. Les propriétés de la réalité ne sont pas réductibles les unes aux autres mais articulées les unes aux autres dans un ensemble que nous espérons un, encore que nous ne puissions les atteindre que par des méthodes différentes et complémentaires.

La notion de complémentarité, contrairement à celle de réduction est favorable au progrès, elle nous laisse espérer que nous découvrirons toujours, sur un phénomène donné, des renseignements nouveaux et que, par ces connaissances complémentaires, nous nous rapprochons du réel. Encore ne faut-il pas transformer le mot complémentarité en explication. Ce mot exprime seulement l'espérance de l'unité du réel qui peut se manifester par des aspects différents voire incompatibles pour la logique du langage et notre intelligence limitée. L'exemple le plus connu est l'incompatibilité de l'aspect "onde" et de l'aspect "particule" du photon. Dès lors les conditions visibles : chimiques et physiologiques de la pensée invisible dont j'ai l'intuition, ne peuvent-elles pas être appréhendées à l'aide de la notion de complémentarité ?

3 - Il est important que la science elle-même prenne conscience de ses difficultés et de ses limites et découvre que pour l'infiniment petit, le langage constitué pour désigner les choses visibles et spatiales, est aussi insuffisant que pour exprimer la nature de la pensée. Ainsi illustre-t-elle une pensée de Pascal sur le langage. On comprend mieux alors que de nombreux physiciens pensent aujourd'hui que le monde est de l'ordre de l'esprit.

NOTES

(1) A vrai dire, on obtient un état émotif, un malaise qui ressemble à
une peur abstraite, générale si j'ose dire, mais à la peur concrète
éprouvée en présence de tel taureau rencontré en telle circonstance
précise, qui n'est pas la même que celle éprouvée dans tel accident
d'automomile bien réel. La connaissance de l'objet effrayant est indissociable de l'émotion et celle-ci l'est des réactions de la volonté à
cette connaissance de l'objet.

(2) Le docteur Péquignot a fort bien montré que la pratique oblige le
médecin à choisir dans ce qu'il sait du malade et de ses symptomes,
le point sur lequel il va essayer d'intervenir et qu'il considère provisoirement et quelquefois à tort, comme cause de la maladie.

(3) A l'optimisme de M. Delsol, nous nous permettons de mettre le
bémol qui résulte d'un article de M. Pichot paru dans le Bulletin
d'Informations de la Société Française de Biologie Théorique n° 9 de
juillet 1986 : "Ainsi scindée, la biologie doit donner deux explications
" pour chacun des faits qu'elle étudie : une explication de type méca-
" niste (biochimique ou physiologique)... et une explication de type
" historique... Pourquoi une telle division de la biologie et une telle
" dualité dans l'explication qu'elle donne de l'être vivant ? Tout
" simplement parce qu'il n'est pas possible d'expliquer la structure et
" l'occurrence de l'être vivant actuel dans son milieu actuel par les
" seuls principes physico-chimiques. La biochimie peut certes donner des
" descriptions physico-chimiques locales (structures et/ou processus
" métaboliques), mais elle ne peut les intégrer en un tout dont la
" structure, l'occurence, le comportement seraient explicables par les
" seules réactions et interactions physico-chimiques de ses composants
" entre eux et avec ceux du milieu - ni comme une structure à l'équi-
" libre thermodynamique se constituant par auto-assemblance (ce qui
" équivaudrait à une génération spontanée, que l'on sait impossible pour
" les formes actuelles dans le milieu actuel), ni comme une structure
" loin de l'équilibre se constituant spontanément dans un flux par un
" processus de type dissipatif (si l'être existe bien dans un flux, celui-ci
" ne lui pré-existe pas ; c'est la structure vivante elle-même qui le
" crée, contrairement à ce qui se passe dans le cas des structures
" dissipatives)" (p. 14). Il est donc nécessaire d'adjoindre à la biochimie
des explications tirées de la théorie néodarwinienne de l'évolution car :
" On l'a dit ci-dessus , il s'agit de rendre compte du double aspect qui
" échappe au seul jeu des lois physico-chimiques classiques : l'intégration
" des parties en un tout (chaque partie étant explicable - sinon
" expliquée - par les seules lois physico-chimiques, tandis que la totalité
" ne l'est pas, ni comme structure à l'équilibre, ni comme structure
" dissipative), l'occurrence de l'être actuel dans son milieu actuel
" (chaque rapport de l'être avec son milieu étant explicable - sinon
" expliqué - par les seules lois physico-chimiques, au contraire de leur
" rapport global). La théorie néodarwinienne "résout" en effet, les deux
" aspects du problème par la théorie du programme génétique ; l'aspect
" d'incongruité physico-chimique qu'a l'être vivant, en lui-même et dans
" son milieu, est expliqué par le pouvoir informationnel du génome,
" pouvoir informationnel qui canalise en des voies déterminées la mise

" en oeuvre des principes physico-chimiques. Ce génome constitue une
" sorte de passé réifié, une mémoire physico-chimique mise en place au
" cours de l'évolution des espèces..." . "Le pouvoir informationnel du
" génome s'exerce par la sélection et l'amplification, via la catalyse
" enzymatique, de certaines réactions physico-chimiques parmi toutes
" celles possibles à partir des substrats en présence. Réactions qui, sans
" cette sélection et cette amplification, auraient été négligeables
" comparativement aux autres possibles." "Le processus de sélection et
" d'amplification de certaines réactions physico-chimiques en quoi
" consiste le pouvoir informationnel du génome n'est rien d'autre que la
" reproduction - grâce à son engrammation en un programme génétique -
" de celui qui est ainsi l'explication de l'évolution des espèces." Cette
théorie a donc l'avantage de n'avoir recours à aucun principe extérieur
à la biochimie mais "Les défauts de cette théorie sont essentiellement
" le caractère verbal de l'explication par la théorie de l'information et
" le caractère tautologique de celle par la sélection des formes mutées.
" Ce n'est pas parce que le pouvoir informationnel est matérialisé dans
" les propriétés particulières du génome que l'explication de la structure
" et de l'occurrence de l'être est assimilable à une explication physico-
" chimique. Puisqu'on a recours à la théorie de l'information pour pallier
" les insuffisances des principes physico-chimiques, on ne peut attribuer
" à l'explication qui combine la théorie de l'information à ces principes
" le statut épistémologique d'une explication physico-chimique. L'expli-
" cation ainsi donnée de la structure et de l'occurrence de l'être vivant
" actuel dans son milieu actuel par les capacités informationnelles du
" génome n'est donc pas une explication physico-chimique : si le génome
" est porteur d'informations, c'est pour l'observateur ; dans la cellule
" il ne joue qu'en tant qu'ADN, c'est-à-dire par ses propriétés physico-
" chimiques - et ce ne sont pas celles-ci qui expliquent la structure de
" l'être, ni comme auto-assemblage, ni comme structure dissipative ; la
" solution donnée par la théorie de l'information à cette difficulté
" d'ordre thermodynamique est purement verbale. D'autre part, la mise
" en place de ce génome est expliquée par un processus hasard-sélection.
" La création d'une nouvelle structure est, dans cette optique, plus le
" fruit de la sélection que celui du hasard de la mutation. Or, l'expli-
" cation de cette sélection est tautologique (sélectionné parce qu'avan-
" tageux, avantageux puisque sélectionné) ; le recours au hasard relevant,
" lui, du refus d'expliquer. Cet aspect de la théorie néodarwinienne
" - celui qui touche à la création de nouvelles structures - est donc
" également très verbal." (pp. 16 et 17)

(4) Cf. le théorème de Brillouin qui marque lui aussi une limite inévi-
    table des sciences.

LA CONCEPTION SYSTEMIQUE

REMEDE AU REDUCTIONNISME

par

Hervé Barreau

Quelles que soient la définition qu'on donne du réductionnisme et les distinctions plus ou moins justifiées qu'on propose à son égard, il est difficile de nier qu'il apparaît aujourd'hui comme une sorte de maladie de l'esprit scientifique auquel un remède se trouve proposé : la théorie générale des systèmes ou la théorie du système général (1). Nous ne prétendons pas déterminer ici à quelles conditions un tel remède pourrait être opérant. Nous voudrions plutôt réfléchir d'abord sur la validité du diagnostic relatif à l'entreprise scientifique moderne, examiner ensuite sur deux exemples les écueils du réductionnisme, et montrer enfin qu'une conception systémique de la science et de la réalité apporte à la méthodologie scientifique des préceptes qui sont à certains égards nouveaux par rapport à ceux qui ont fait la fortune de la science moderne. Dans ces conditions on pourra peut-être contribuer, d'une part, à une évaluation plus équitable de ce qui ne va pas, en effet, dans une confiance excessive apportée à certaines méthodes, et, d'autre part, à une meilleure prise en compte de la thérapeutique proposée par l'approche systémique. S'il apparaît que cette dernière n'est pas une panacée, mais une démarche prudente et difficile, on aura peut-être dépouillé cette approche de l'apparence agressive qu'elle a dû se donner ou qu'on lui a prêtée, à une époque où il fallait bien qu'elle s'affirme et propose autre chose que les règles abondamment répétées de la validation scientifique.

1 - Les présupposés réductionnistes de la science moderne

Si l'épithète de réductionniste est perçu comme un reproche, et parfois comme un reproche injustifié, c'est qu'il atteint, à n'en pas douter, les créateurs mêmes de la science moderne, auxquels nous devons pourtant l'efflorescence merveilleuse des sciences et des techniques qui a fait pour l'humanité des temps modernes une avancée incomparable dans la conquête et la maîtrise de la nature.

Il est vrai, en effet, que Descartes a réduit la nature matérielle à l'étendue et au mouvement, déterminant ainsi moins les principes de sa physique, qui avaient besoin d'une révision, que le point de vue général des savants de son temps, auxquels la philosophie aristotélicienne n'offrait qu'un cadre dépassé par l'évolution des sciences et des arts. Galilée fut plus heureux dans l'établissement de lois exactes et fonda par là une école de pensée qui n'eut pas à revenir sur ses principes, mais plutôt à les amplifier et à les développer comme il arriva pour le principe de relativité.

Notons, en particulier, que la formulation exacte du principe d'inertie, à propos de laquelle Descartes, pour une fois, eut la chance de supplanter Galilée, et qui est étroitement liée à celle du principe de relativité, opère, à n'en pas douter, une réduction formidable : quel corps dans l'Univers peut être dit libre de l'influence de toute force extérieure ? C'est pourtant dans cette supposition, qui avait semblé absurde à Aristote, que réside la force de la mécanique moderne par rapport à la dynamique aristotélicienne.

Ne pas tenir compte de phénomènes subsidiaires est, en effet, essentiel à la science et c'est à ce prix qu'elle a pu trouver, à son début moderne, dans les mathématiques, plus qu'un langage, un constituant nécessaire, de telle sorte que Galilée a pu dire de la nature (pas seulement de la science!) que son livre est écrit en "langage mathématique". Pour Galilée les mathématiques fournissaient ainsi l'Écriture du monde, au même titre que la Bible passait pour l'Écriture des croyants. La réussite "déraisonnable", selon le mot de Wigner, de la science moderne a été le résultat du pari assez risqué des créateurs de cette science. Rien n'autorise pour autant à penser que ce pari heureux soit l'expression de la raison humaine, et encore moins de la raison incluse dans l'Univers. Les difficultés qu'on éprouve à extrapoler ce succès hors des domaines pour lesquels il a été inventé, alors même qu'on sait intervenir efficacement dans le domaine des phénomènes vivants, montrent bien qu'on a saisi seulement des mailles, et non le tissu même, de l'étoffe de l'Univers.

La modestie quant à la portée de la science mathématique de la nature était, on le sait, caractéristique de Newton. Il y a certainement de l'abus à qualifier comme "newtonienne" l'ambition de la science moderne, alors que Newton, de toute évidence, n'était réductionniste en aucun sens du terme. Non seulement il admettait que l'existence de l'attraction gravitationnelle à distance requérait une explication, mais il répugnait, à l'inverse de beaucoup de ses disciples, à considérer d'autres types d'attraction, l'affinité chimique par exemple, comme réductibles à l'attraction qu'il avait découverte. Qu'il y ait plusieurs types d'attraction dans l'Univers semblait à Newton un principe raisonnable de la philosophie naturelle.

Il serait difficile d'en dire autant de l'épistémologie de Kant. Non que Kant fut vraiment immodeste par rapport à l'idéal scientifique de Newton. En un sens il y a plus de modestie apparente chez Kant, puisque, pour lui, la science ne connaît que les phénomènes et que le réductionnisme ontologique est impossible. Mais en un autre sens, au sens épistémologique, Kant est beaucoup plus réductionniste que Newton, puisqu'il a prétendu offrir le canon unique de l'entendement scientifique. Selon ce canon, "il n'y a pas de hasard" par exemple, et les liens de causalité ne sont que des instances de lois nécessaires. Rien ne manifeste mieux, me semble-t-il, l'intransigeance du réductionnisme méthodologique kantien que les discussions longues et embarrassées qui, dans la **Critique de la Faculté de Juger,** montrent à la fois l'impossibilité de penser les êtres vivants autrement que comme des êtres organisés où l'idée de leur existence est la cause finale de l'agencement de leurs parties, et l'impossibilité d'admettre que cette finalité puisse déterminer un principe d'explication scientifique de tels êtres. En fin de compte il apparaît que Kant accorde toujours au jugement téléologique, qu'il exprime mieux que personne peut-être, seulement un statut de jugement réfléchissant et non de jugement déterminant, et que l'ultime raison de ce refus réside dans la fixation préalable de ce qu'il faut entendre par une explication scientifique. Cette formulation n'a pourtant d'autorité que dans la conception cartésiano-kantienne de la science, telle qu'elle a été réfléchie par analogie avec la science mécaniste de la nature. Retenons, parmi bien d'autres, ce passage de l'**Appendice** où les règles d'une méthodologie intangible étouffent les intuitions les plus pertinentes quant à la spécificité du domaine vivant :

" On ne gagne rien pour la théorie de la nature ou pour l'expli-
" cation mécanique des phénomènes de celle-ci par leurs causes
" efficientes, lorsqu'on la considère d'après le rapport réciproque des
" fins. Poser des fins aux produits de la nature, dans la mesure où ils
" constituent un système d'après des concepts téléologiques, c'est là ce
" qui n'appartient proprement qu'à la description de la nature, qui est
" établie selon un fil conducteur particulier ; la raison accomplit certes
" là une oeuvre magnifique, instructive et pratiquement utile à beaucoup
" de points de vue, mais elle ne donne aucun éclaircissement sur la
" production et la possibilité interne de ces formes, ce qui est proprement
" l'objet propre de la science théorique de la nature." (*)

On est en droit de répliquer à Kant que le mécanisme est encore moins prolixe d'éclaircissements sur "la production et la possibilité interne de ces formes", et que surtout la biologie postérieure au XVIIIe siècle, et déjà celle de ce siècle, au lieu de fuir les problèmes de morphologie et de morphogénèse, y ont trouvé le sujet par excellence de leurs recherches et de leurs discussions.

Mais il est inutile de s'attarder sur le déclin des explications mécanistes, même en physique. Si ce déclin n'a pas entraîné la fin du réductionnisme de type mécaniste, comme on aurait pu s'y attendre, il faut probablement attribuer cette persistance étrange à une certaine mentalité, dont les composantes sont multiples. Je suggère qu'au XXe siècle l'idéal de Galilée-Descartes, parce qu'il a refleuri chez Einstein grâce aux succès de sa théorie relativiste de l'espace-temps, a pu influencer à nouveau un certain nombre de scientifiques ; je relève, d'autre part, que les positions épistémologiques du kantisme ont été relayées par le positivisme qui, se désintéressant lui aussi de la réalité des choses, a contribué à n'accorder le privilège de la scientificité, (pour ceux qui n'étaient pas touchés par la grâce du réalisme scientifique) qu'aux résultats expérimentaux les plus avérés et sans portée théorique.

(*) n° 79, trad. Philonenko, pp. 229-230.

2 - Deux écueils du réductionnisme

Ce colloque de Lyon rassemble trop de biologistes pour qu'il paraisse opportun à un épistémologue de s'attarder aux méfaits, ou, au contraire, au bien-fondé de telle ou telle conception du réductionnisme en biologie. Sans doute est-il possible de mettre tous les biologistes d'accord sur l'irréductibilité de la biologie à la physico-chimie. Mais je pense qu'il ne s'agit là que d'un accord minimum et qu'il faudrait expliciter cet accord d'une façon plus précise...

Pour ma part, je vais m'efforcer d'attirer votre attention sur deux écueils du réductionnisme, pris aux deux extrémités de l'entreprise scientifique, en physique d'un côté, en sociologie de l'autre. Je ne m'attarderai guère sur le problème consistant à se demander s'il s'agit d'un réductionnisme ontologique ou d'un réductionnisme méthodologique. La raison en est que je ne crois pas possible de séparer rigoureusement en fait ces deux formes de réductionnisme. C'est pour cela que j'ai critiqué plus haut l'attitude de Kant. L'impossibilité d'une séparation radicale réside, à mon sens, dans l'impossibilité de tenir des discours entièrement différents en ontologie et dans les sciences, si on accorde à celles-ci une portée réaliste (je ne dis pas le privilège de saisir la réalité, à quoi prétend le réalisme scientifique). Seul l'idéalisme trans-cendantal peut s'offrir le luxe d'une ontologie, assez pâle d'ailleurs, rigoureusement séparée d'une phénoménologie. S'il n'y a d'ontologie et de science que dans des discours, distincts mais enchaînés, alors il est inévitable qu'un réductionnisme scientifique se répercute en ontologie (c'est la critique que je ferai encore au réductionnisme méthodologique de Popper), et qu'inversement, mais là c'est trivial, qu'un réductionnisme ontologique se répercute en méthodologie scientifique. Nous allons voir que le réductionnisme physique dont je vais parler est plutôt d'origine méthodologique, tandis que le réductionnisme sociologique dont je parlerai ensuite serait plutôt d'origine ontologique. Mais encore une fois, la distinction réductionnisme ontologique/réductionnisme méthodologique n'est qu'à moitié pertinente, puisqu'elle suppose qu'une réalité puisse être atteinte indépendamment d'une méthode, ce qui me paraît impossible si l'on donne au terme "réalité" un sens plein, incluant l'essence (au moins caractérisée sinon complètement élucidée) autant que l'existence. Remarquons, en effet, qu'un réalisme qui se contenterait de poser des choses extérieures à l'esprit serait un pseudo-réalisme, puisque l'idéalisme en fait tout autant quand il se désintéresse de ce qui peut exister hors de l'esprit sans aller jusqu'à nier cette existence.

La théorie physique se trouve partagée, depuis quelque 60 ans, entre ceux qui suivent l'idéal d'Einstein, et ceux qui se contentent de l'idéal de Niels Bohr. Je sais bien que certains s'efforcent de concilier les deux idéaux, mais cette conciliation est d'ordinaire secrète et peu communicable ; en tout cas, s'il s'agit de la Mécanique Quantique, elle est proprement impossible. Je n'ai aucun mérite à soutenir qu'en Mécanique Quantique c'est Niels Bohr qui avait raison. Cependant, si Einstein avait tort, c'est en grand physicien, ce n'est pas parce qu'il se trompait sur un fait physique particulier, ni sur son interprétation. Remarquons d'ailleurs qu'Einstein n'a jamais eu la prétention d'arrêter la physique quantique, à laquelle il avait fait d'éclatantes contributions. Ce qu'il voulait montrer, c'est que la Mécanique Quantique, dans la formulation que lui avaient donnée Bohr, Born, Heisenberg, Pauli, Dirac et von Neumann, était incomplète. Il aurait souhaité qu'elle fût complétée par une autre théorie, plus conforme à son idéal scientifique. Sur ce point il est difficile de faire à Einstein un reproche. Si une théorie physique était complète, absolument sans faille dans tout le domaine qu'elle prétend recouvrir, alors il faudrait la considérer comme définitive et arrêter sur elle, au moins dans son domaine, l'entreprise scientifique. Aucun scientifique n'affiche aujourd'hui une telle prétention. Ce n'est donc pas pour avoir critiqué une prétention de ce genre que la position d'Einstein est sujette à la critique. C'est pour avoir proposé un argument, le célèbre argument EPR (Einstein-Podolsky-Rosen), dont on peut parfaitement discuter la pertinence en épistémologie de la physique. J'ai montré ailleurs que cet argument ne pouvait être attaqué, bien que certains le prétendent, d'un point de vue logique (2). Je voudrais montrer ici que le même argument est typique d'une attitude réductionniste. Dans cet argument, dont je ne ferai pas une nième exposition car je suppose qu'il est connu de tous, le point important n'est pas la définition d'un critère de réalité physique, qui est exposé au début de l'article en question, mais l'exclusion de la possibilité d'une causalité non-locale, qui est énoncée à la fin. Les auteurs écrivent explicitement que, si l'on admettait une telle causalité, qui consisterait ici en ce qu'une mesure effectuée sur une particule puisse influer sur une autre particule qui est séparée de la première par un intervalle "du genre espace", alors il faudrait renoncer à "toute définition raisonnable de la réalité". Einstein avait donc bien vu où son argument pouvait être attaqué : cet argument postulait l'impossibilité d'une action à distance. Admettrait-on cette dernière, reconnaissait-il, son argument n'était plus contraignant. Le problème est celui-ci : pourquoi Einstein refusait-il d'admettre une telle possibilité ? Il est vrai qu'il avait montré, plus de dix ans auparavant, qu'un tel type d'action à distance devait être écarté pour expliquer les phénomènes gravitationnels : sur ce point, il avait donc dépassé Newton, acquérant par là même une gloire immortelle. Mais pourquoi ce qui valait pour la gravitation devait-il valoir également pour les phénomènes quantiques ? En d'autres termes, pourquoi une mesure effectuée sur un système quantique ne pourrait-elle pas modifier un autre système quantique corrélé avec le premier, comme la théorie l'impose, et comme, aujourd'hui, l'expérience le confirme ? Il serait évidemment ridicule d'accuser Einstein d'avoir négligé des expériences qui n'étaient pas encore réalisées. Son mérite est plutôt d'avoir proposé une expérience de pensée, qui était pertinente quant au problème posé. Mais sur cette expérience de pensée, précisément, on voit qu'Einstein imposait à la réalité physique une exigence **a priori**, qui était incompatible avec les traits nouveaux dont la Mécanique Quantique avait justement, en ce temps, le mérite de tenir compte. Sur ce point d'ailleurs, la réponse que Bohr fit à Einstein est, encore aujourd'hui, excellente, puisqu'elle se borne à dénoncer chez son interlocuteur une conception "ambiguë" de la réalité, entendons une conception qui laisse dans l'indécision l'état d'un dispositif de mesure qui fait pourtant partie du contexte à partir duquel des prédictions sont possibles. Dans une théorie probabilitaire, comme l'est la Mécanique Quantique, l'important est de pouvoir prédire le résultat d'une mesure, avec une certaine probabilité qui parfois égale l'unité. On méconnaît l'extrême finesse de la théorie quand on projette sur elle des exigences importées d'ailleurs.

S'il s'agit maintenant de la théorie sociologique, c'est trop peu dire qu'elle est partagée entre deux conceptions. Il serait plus exact d'avancer qu'elle est partagée entre une infinité, entre lesquelles il n'est heureusement pas possible de demander à l'expérience de manifester une préférence. L'attitude réductionniste est, donc, dans ces conditions, beaucoup plus difficile à caractériser. A la limite on pourrait dire que toute théorie est réductrice par rapport à ce que privilégie, à tort ou à raison, sa voisine. Il serait insensé de demander à la guerre de prononcer une sorte de jugement de Dieu, puisqu'il est bien connu que le vainqueur momentané n'est pas toujours celui qui a raison, de quelque façon d'ailleurs qu'on interprète cette "raison". Le problème est ici d'une telle ampleur qu'on pourrait nier qu'une théorie fût autre chose, en ce domaine, qu'une rationalisation de choix personnels. Ce serait alors se résigner à dire : j'adhère à telle théorie, parce qu'elle est, en gros, conforme aux valeurs qui sont miennes. Reconnaissons que l'attitude de chacun est, en sociologie plus qu'en physique, une raison de préférence, et c'est pourquoi ceux qui veulent imposer la même méthodologie dans les sciences sociales que dans les sciences de la nature me semblent simplifier abusivement une situation très complexe. A-t-on vu quelqu'un, sinon par goût de provocation ou par désespoir, se prononcer ostensiblement pour la barbarie ? Mais, s'il s'agit du marxisme, puisque c'est de cette théorie que je veux parler, il est clair que, quel que soit le poids qu'elle mette sur la **praxis**, ce n'est pas sur une praxis éclairée par des préférences, surtout s'il s'agit de préférences individuelles, qu'elle prétend fonder sa validité. C'est le développement de l'Histoire, dit-elle, qui lui garantit sa valeur de vérité. En cela elle veut être un "socialisme scientifique" par opposition aux socialismes dits "utopiques". Elle ne demande pas à être jugée sur sa capacité à être bonne ou aimable, mais seulement sur celle de rendre compte de l'Histoire. Sur ce point, le marxisme a l'avantage, sur bien d'autres théories, de pouvoir se prêter à une discussion objective. Or cette discussion objective peut prendre deux formes. La première consiste à comparer le cours de l'Histoire tel qu'il a été prévu par Marx au cours réel, et cette comparaison qui porte sur les pays qui devaient passer du capitalisme au socialisme est, on le sait, défavorable au marxisme. Ce n'est pas ce genre de critique que je voudrais soulever, ne serait-ce que parce qu'il faudrait alors envisager le cas historique du marxisme-léninisme, qui est susceptible de faire rebondir la question. Il me semble plus intéressant de se borner à la théorie marxiste elle-même et de se demander si elle est réellement fondée à prétendre que toute la vie sociale est, en dernière instance ou en dernière analyse, commandée par le mode de production qui est constitué, selon la définition qu'elle en donne, de façon plus ou moins durable, par la conjonction de forces productives et de rapports de production. C'est sur ce point que je prétends que la théorie marxiste est réductionniste. Si j'avance cela, ce n'est pas uniquement parce que la description que Marx donne du régime capitaliste et de son évolution n'a pas reçu l'agrément de l'ensemble des économistes. Après tout, les économistes non-marxistes pourraient être dans l'erreur sur l'essence du régime capitaliste, si Marx avait été plus perspicace qu'ils ne le sont. Ce n'est pas non plus parce que la théorie économique de la valeur-travail me semble tout simplement fausse, même si elle s'inspire des théories d'Adam Smith et de Ricardo. Ce qui me paraît plus important dans la théorie marxiste, c'est l'affirmation capitale que toute la vie sociale dépend finalement du mode de production, quel que soit ce mode de production. Cette affirmation, en effet, n'est pas seulement valable pour la civilisation industrielle ou post-industrielle qui est la nôtre, elle prétend valoir pour toute la civilisation depuis la préhistoire, et en cela consiste son ambition théorique. Or ce principe me semble réductionniste. L'homme s'y trouve réduit à sa capacité de déterminer son mode de production. Certes cette capacité est une des propriétés de l'espèce humaine, et il est intéressant de relever que cette capacité s'est exercée dans l'Histoire de façon très variée, comme la théorie marxiste a eu raison de le mettre en lumière. Mais cette capacité n'est qu'une des capacités humaines et prétendre que les autres sont obligées de suivre son rythme est méconnaître que la voie latérale qu'elles prennent a également le pouvoir de modifier le mode de production. C'est par exemple évident pour la science vis-à-vis des techniques productives, mais c'est évident aussi pour le facteur religieux vis-à-vis des rapports économiques et sociaux, comme on l'a vu au Moyen-Age. Il est clair qu'un régime social embrasse toutes les activités humaines et leur attribue au moins juridiquement une certaine place et une certaine importance, mais il est faux, même quand le mode de production subit les changements considérables auxquels a conduit le développement industriel, que c'est dans la détermination de ce mode qu'en définitive tout se joue. C'est sur ce point, me semble-t-il, que la critique devrait produire les témoignages de l'Histoire, pour autant qu'ils nous sont accessibles, plutôt que de se concentrer sur les régimes économiques contemporains, à l'égard desquels il est plus difficile d'atteindre l'objectivité. Il est frappant d'ailleurs que les néo-marxistes du XXe siècle, en particulier les sociologues de l'Ecole de Francfort, ont proposé des développements nouveaux et beaucoup moins réductionnistes sur ce point nodal du marxisme. Ils ont mis en lumière l'importance des "minorités agissantes", comme Lénine, de son côté, l'avait déjà fait à l'égard du "parti". C'est montrer que la politique et l'interaction des liens humains sur laquelle elle s'appuie, ont d'elles-mêmes une efficacité, que le matérialisme historique de Marx avait sous-estimée. Est-ce la raison pour laquelle Marx disait de lui-même qu'il n'était pas marxiste ?

3 - Deux mises en garde de la conception systémique

Le réductionnisme, nous l'avons vu, a d'illustres garants, tant au XVIIe siècle qu'au XXe, et il est presque inévitable qu'une théorie ambitieuse, si du moins elle s'efforce d'être rigoureuse, y succombe plus ou moins. Si le néo-darwinisme survit, c'est peut-être parce que Darwin s'était bien gardé d'établir des enchaînements trop contraignants. Quand il se trouve qu'une théorie manque par trop de prudence, la philosophie a beau jeu de dénoncer de tels réductionnismes, et elle l'a fait, on l'a vu, avec des fortunes diverses, dont on peut se demander, après coup, si elles ne couraient pas à l'échec par trop de timidité plutôt que par trop d'audace.

Aujourd'hui la conception systémique perçoit, avec raison me semble-t-il, que l'idéal séculaire de la science moderne, qui est analytique plus que synthétique, peut nous conduire à des erreurs assez graves pour nos conceptions de la nature comme de la société. Il faut, à mon sens, accorder une importance particulière à deux de ses mises en garde qui ont quelque rapport, on va le voir, avec les deux écueils plus haut dénoncés.

La première mise en garde consiste à dire que tout système doit être étudié dans son environnement. Ce rappel semble banal, mais c'est précisément ce que Galilée ne faisait pas quand, étudiant la chute des corps, il négligeait, et avec raison, de tenir compte de la résistance de l'air : savoir ce qu'on néglige, c'est déjà être prêt à le réintégrer quand les circonstances s'y prêtent (par exemple la chute en parachute). Einstein, de son côté, refusait de tenir compte de la disposition d'un appareil de mesure, quand il s'agissait de déterminer les propriétés d'une particule fort éloignée de lui ; mais il se privait alors d'apercevoir l'incroyable portée de la Mécanique Quantique. Reconnaissons qu'il n'est pas facile, dans tous les cas, de déterminer ce qui, dans l'environnement, a réellement de l'importance sur le système étudié, et quels sont les liens de ce dernier système avec d'autres. Quand on veut être synthétique, on risque d'être syncrétique, et de perdre la possibilité de tenir un discours scientifique. Celui qui prétend tenir compte de tout risque de laisser échapper l'essentiel. La science reposera toujours sur un principe de sélection. Mais il y a des sélections qui reposent trop sur des habitudes, même scientifiques. La Relativité nous a appris, grâce à Einstein, que dans l'expression des lois de la nature il ne faut pas séparer le temps de l'espace. La Mécanique Quantique nous apprend que les opérations de mesure font partie de la réalité physique et que l'ambition atomistique de la science doit être modérée, précisément quand il s'agit de ce que nous avons pu appeler "atome" et des objets physiques encore plus ténus. Les relations entre les objets peuvent avoir plus d'importance que les objets eux-mêmes : ce n'était pas un principe de la science classique, qui était appelée, pour cette raison, "matérialiste" par Whitehead. On aperçoit alors une autre raison, non-galiléenne et **a priori**, mais sans doute plus profonde, de la convenance des mathématiques pour l'étude des phénomènes naturels et humains : les mathématiques ne définissent que des objets relationnels, alors que le langage ordinaire, pour des raisons pragmatiques, opère des distinctions tranchées et se montre incapable de saisir les nuances de la réalité. Cela peut nous faire comprendre aussi que les approximations mathématiques à une échelle ne sont d'aucune utilité à une autre, qui réclame un autre formalisme. Il y a des différences entre la micro-physique et la macro-physique, de même qu'il y en a entre la micro-économie et la macro-économie. C'est un beau sujet de réflexion, dans les deux cas, pour un théoricien. De ce point de vue, c'est la systémique, par l'accent qu'elle met sur le contexte et sur les circonstances, qui préserve de l'esprit de système.

La deuxième mise en garde consiste à rappeler qu'un système se caractérise par son niveau de complexité. Là encore on pourra dire qu'une telle mise en garde risque de nous empêcher d'opérer les simplifications, nécessaires dans l'étude scientifique comme dans la vie courante. On aura raison si l'on veut dire par là qu'on ne doit pas s'empêcher de distinguer dans un système des parties relativement plus simples. La science de la boîte noire n'est pas un idéal ! Mais ces parties ou sous-systèmes plus simples interagissent entre eux et plus ils possèdent de "degrés de liberté", plus ils peuvent donner naissance à des configurations improbables. La décroissance de la négentropie n'est pas partout inéluctable ! C'est manifestement le cas dans le monde humain, qui tend perpétuellement à s'enrichir non seulement de biens matériels, mais de liens humains et de culture, comme à les préserver. Il n'est donc pas étonnant que la conception systémique ait trouvé des prota- gonistes chez des spécialistes de sciences sociales comme, pour se borner à la France, E.Morin (3), J.L. Le Moigne (1), B. Walliser (4). Ces auteurs sont soucieux de multiplier les modèles d'organisation, de développement, de transition d'un état à un autre, persuadés que leur pertinence est éphémère et qu'un trop grand attachement à un modèle risque de rendre aveugle à des possibilités qui sont immanentes, et qu'une légère initiative peut faire passer à l'actualisation. Pour revenir au marxisme, on dira par exemple qu'il n'est pas exclu, indépendamment de l'intérêt général dont on l'a crédité plus haut, qu'il permette de caractériser exactement telle ou telle situation historico-sociale. Mais cette adéquation est sans doute éphémère, liée qu'elle se trouve par exemple à un début d'industrialisation qui, dans un pays particulier, bouleverse tout l'édifice social antérieur. Ce qu'il ne faut jamais perdre de vue, en tout cas, c'est l'influence que les divers sous-systèmes sociaux exercent les uns sur les autres. A cet égard, M. Bunge (5) distingue, outre les structures familiales, trois sous-systèmes : l'économie, la politique, la culture, et des super-systèmes, comme la nation et le monde (on peut également ajouter quelque chose comme le "continent"). Il est clair que les trois sous-systèmes distingués sont en interaction, qu'ils empiètent les uns sur les autres, et qu'un même individu peut appartenir aux trois sous-systèmes à la fois. On notera aussi que le sous-système "politique" se place normalement entre l'économie et la culture, puisqu'il intervient dans la première, étant en charge de la monnaie, et pouvant décider parfois entre une économie de plan et une économie de marché, tandis que, d'un autre côté, il est irrigué par l'idéologie, les sciences et les techniques, l'art, les institutions éducatives et culturelles, qu'il contrôle à son tour d'une façon plus ou moins étroite. Ce tableau de la société est caractéristique des sociétés développées d'aujourd'hui. Il n'exclut pas des modélisations plus fines, appropriées à des systèmes de gestion, de santé ou de communication, et qui relèvent davantage de ce que l'on appelle "l'analyse des sys- tèmes". Ces modèles empruntent leur formalisme aux mathématiques, à la technologie, ou à certaines sciences empiriques (physique, biologie, économie, linguistique) et ils permettent d'étudier plus précisément la dynamique des systèmes (bifurcations, catastrophes, etc...).

Conclusion

J'espère que les considérations précédentes, pour rapides qu'elles soient, sont suffisantes à dissiper l'illusion, si celle-ci peut être encore possible, que les "systémistes" forment un clan, qui n'aurait d'autre ambition que d'occuper les médias afin d'ébranler l'autorité des repré- sentants de la science officielle. En réalité, parmi ces représentants, beaucoup sont systémistes sans le savoir ou en l'avouant, mais ils répugnent peut-être à faire des principes systémistes des slogans, car ils savent que les slogans servent trop souvent à agiter des problèmes sans contribuer à les résoudre. Quand on réfléchit aux modifications de perspective que la conception systémique peut introduire dans toutes les sciences, comme on s'est efforcé d'en donner ici une idée, on ne peut pas dire que les appréhensions manifestées par ces représentants soient tout à fait sans fondement.

Il ne faudrait pas s'imaginer non plus que le systémisme serait une révolte des praticiens des sciences "molles" contre les canons scientifiques légués par les sciences "dures". En fait, s'il est vrai que des naturalistes et des sociologues ont contribué à la diffusion de la pensée systémique, ce sont des mathématiciens et des physiciens, des informaticiens et des ingénieurs, qui s'en sont faits le plus souvent les principaux protagonistes. La subtilité des modèles proposés, la difficulté de les appliquer à bon escient, laissent loin derrière elle l'évidence un peu grossière de la bonne boucle cybernétique.

Il ne faudrait pas voir non plus dans le courant systémique une occasion inespérée pour la philosophie de refaire surface dans le créneau presque désert de l'épistémologie. Certes c'est en épistémologie que l'approche systémique a le plus naturellement sa place, bien que cela ne soit pas pour la réserver à des spécialistes, mais au contraire pour la rendre féconde dans tous les champs de la science et de la technologie. Mais l'adoption de cette place n'implique pas une option métaphysique particulière : Mario Bunge est matérialiste, tandis que René Thom ne l'est pas ; cela n'empêche ni l'un ni l'autre de contribuer activement à la vitalité de l'approche systémique. Quant à leur philosophie, ils se gardent bien, l'un et l'autre, de la réduire à cette dernière.

En épistémologie, du reste, l'approche systémique peut se manifester au moins de deux manières bien différentes. Ou bien on s'applique à montrer que la réalité est faite de systèmes, et même de systèmes de systèmes, et l'on se propose de montrer les propriétés des systèmes à ces différents niveaux : c'est le point de vue qui s'imposait à M. Bunge dans son **Ontologie**. Ou bien l'on pense qu'il est plus important de "penser en système" (de même que Bergson proposait de "penser en durée") que de déterminer les propriétés des différents systèmes, puisque cette dernière tâche peut conduire à un nouveau dogmatisme ; c'est le point de vue qu'adopte et que développe J.L. Le Moigne dans sa **théorie de la modélisation**. Il me semble difficile d'obliger à choisir entre ces deux conceptions. Si ce que j'ai dit plus haut à propos de Kant et du peu de portée de la distinction entre réductionnisme ontologique et réductionnisme méthodologique est fondé, on comprendra qu'il m'importe assez peu d'être classé dans l'un ou l'autre camp. A vrai dire, cette classification peut être utile pour caractériser des projets et des tendances d'esprit, mais elle ne me semble pas nécessaire ni propre à caractériser le destin de la pensée systémique. Je soutiens, bien sûr, que la réalité, celle qui se trouve en face de notre pensée, mais dont tout individu pensant fait partie, est plus systémique qu'atomistique, sinon je ne vois pas comment une épistémologie qui se réclame du systémisme pourrait être réaliste ; mais je ne prétends nullement que cette réalité nous soit donnée, et que nous pourrions nous dispenser de la penser : nous le ferons à l'aide de modèles systémiques, et leur multiplicité ne doit pas nous effrayer, tant est variée la réalité mouvante que nous offre la nature et à laquelle la société nous confronte. Si nous cherchons une adéquation à l'expérience, en quoi consiste la connaissance, je ne vois pas comment nous pourrions prétendre à une adéquation à la réalité : heureux sommes-nous si nous parvenons à une honnête correspondance ! C'est pourquoi le principal mérite de l'approche systémique me semble, en définitive, de contribuer à élever le niveau de cette correspondance. C'est en cela qu'elle est utile, conclurai-je, à la science comme à la philosophie.

Références

(1) J.L. Le Moigne, **La théorie du système général / théorie de la modélisation,** PUF, 2ème éd. 1984 ; voir pp. 59-60 et Annexe 3 pp. 283-284 ; se reporter également à la conclusion de cet article.

(2) H. Barreau, "Reality in Classical Physics and Reality in Quantum Theory" in **Symposium on the Foundations of Modern Physics** edited by P. Lahti and P. Mittelstaedt, World Scientific Publishing Co, 1985, pp. 73-83.

(3) E. Morin, **La Méthode,** 1. **La Nature de la Nature,** Seuil, 1977 ; 2. **La Vie de la Vie,** 1980 ; 3. **La Connaissance de la Connaissance,** 1986

(4) B. Walliser, **Systèmes et modèles / Introduction critique à l'analyse des systèmes,** Seuil, 1977.

(5) M. Bunge, **Treatise on Basic Philosophy,** vol. 4, **Ontology** II : **A World of Systems,** D. Reidel, 1979.

REDUCTIONNISME ET METHODE SCIENTIFIQUE

par

René Mouterde

Cette brève communication voudrait seulement attirer l'attention sur une démarche de la méthode scientifique, déjà évoquée par d'autres au cours de ce colloque - notamment MM. Delsol et Payot - en des termes différents.

La méthode scientifique est essentiellement réductionniste car, d'une part, elle tend à ramener le complexe à des éléments plus simples, (par exemple, décomposer un corps ou un phénomène en ses constituants ou en ses processus) et, d'autre part, elle n'envisage qu'une partie du réel qu'elle réduit pratiquement à ce qu'elle peut observer et mesurer par les moyens d'investigation dont elle dispose ; elle n'atteint ses objets que par leur aspect sensible, mesurable.

Ainsi cette réflexion se présentera sous deux aspects complémentaires : celui du déroulement de la méthode et celui du principe même de la science.

1 - Au niveau du déroulement de la méthode, il est banal de souligner que la Physique et la Chimie se sont efforcées de "réduire" les corps composés à des corps simples et ceux-ci à des assemblages de particules élémentaires, ce qui a permis de rendre compte d'une bonne partie des propriétés des édifices complexes ; propriétés et structures montrent, en effet, des corrélations remarquables.

Toutefois, à une échelle plus fine, le modèle simple de l'atome formé d'un noyau et d'une couronne d'électrons - ce qui réduit beaucoup le nombre d'éléments fondamentaux - semble s'être compliqué par la découverte de toute une série de particules et d'anti-particules encore plus élémentaires et l'on cherche encore aujourd'hui le retour à une unité fondamentale.

Pour ce qui est des lois de la mécanique, de la physique et de la chimie, cette même recherche de l'unité et les essais pour ramener toutes les forces à un seul principe ont passé par des phases de succès partiel et de remise en cause, comme le montre fort bien Popper dans l'appendice d'un de ses derniers ouvrages , **l'Univers irrésolu.*** (1) Le titre de cet appendice est d'ailleurs significatif : "La réduction scientifique et la nature essentiellement incomplète de toute science". Il faut toutefois signaler que les théories physiques les plus récentes essayent de tout ramener à de l'énergie.

L'étude du vivant s'est aussi efforcée d'en déchiffrer les structures et les assemblages complexes. Les corps de la chimie "organique" ont cessé d'être mystérieux ; on les a résolus en une série de chaînes plus ou moins compliquées d'atomes de carbone, hydrogène, oxygène, azote, phosphore, etc. Ils ont été analysés et, pour la plupart d'entre eux, synthétisés. On peut donc espérer reconstruire les molécules les plus complexes du vivant et des synthèses, au moins partielles, de vivants élémentaires ont déjà été réalisées dans quelques cas. Mais si on sait reconstituer les principales étapes qui conduisent de la matière à la vie, peut-on dire pour autant que l'on explique entièrement ce qu'est la Vie ? Si l'on est capable de l'analyser, de l'exprimer en termes de physico-chimie, cela veut-il dire que la vie n'est que du physico-chimique, que la vie est entièrement réductible à du physico-chimique ? L'un des fondateurs de la Théorie synthétique, le grand biologiste Mayr n'hésitait pas à écrire : "Toute description purement physique des " phénomènes biologiques est au mieux incomplète et généralement " dépourvue de signification biologique". (2) Et plus loin : "Une expli- " cation purement physiologique-ontogénétique qui oublie le côté histo- " rique n'est qu'une demi-explication" (2). De son côté, Gould, le chef d'école des ponctualistes, affirme : "En tant que paléontologiste et " biologiste de l'évolution, mon métier est la reconstruction de l'histoire " L'histoire est unique et complexe. On ne peut la reproduire dans un " ballon de laboratoire." (3)

Dans un exposé récent à la **Société Géologique de France** (4), notre collègue et ami Henri Tintant souligne fort bien cet aspect historique en distinguant le "comment cela fonctionne", dont on peut bien suivre et reproduire les mécanismes, du "comment cela s'est-il fait" qui relève souvent d'un événement unique du passé et qui est donc du domaine de l'histoire. Savoir "comment cela marche" ne donne pas l'explication dernière d'un phénomène, l'explication dernière de la vie, car il ne faut pas oublier que la vie a toujours un certain caractère d'originalité et que chaque vivant est unique. Si, au niveau de la matière, tous les atomes sont semblables - ainsi l'eau est toujours la même, quels que soient les atomes d'oxygène ou d'hydrogène qui la composent - il n'en est pas de même chez le vivant ; les cellules ne sont jamais rigoureusement identiques ; chaque vivant présente des différences individuelles. C'est un abus de langage de parler de "population d'électrons" comme on parle de population d'animaux : il y a seulement analogie entre ces deux notions de population.

De plus, la vie s'inscrit dans le contexte d'un temps qui est irréversible, à la différence des phénomènes physico-chimiques. Si l'on

---

* déjà publié en 1974 en Amérique, in : **Studies in the Philosophy and Biology** sous la direction d'Ayala et Dobzhansky.

arrive à reconstruire un vivant de façon synthétique - ce qui se fera probablement - ce vivant sera-t-il identique à celui qui s'est réalisé au cours du temps par le jeu d'une lente évolution ? Il sera, en tout cas, le résultat d'une intervention de l'homme et non pas du jeu complexe de processus naturels. Possédera-t-il dans son génome tout le "logiciel" riche en possibilités nouvelles d'adaptation que le vivant "naturel" a hérité de tous ses ancêtres au cours d'une très longue histoire ?

Il me semble que cette recherche de l'unité et de la simplicité dans l'étude de tous les mécanismes de la physique, de la chimie ou du vivant traduit une tendance fondamentale de l'esprit humain et spécialement de l'esprit cartésien. D'autres traditions culturelles récusent parfois cette simplification ; un collègue allemand répliquait un jour à l'exposé très clair d'un paléontologiste français : "Cela ne peut pas " être vrai parce que c'est beaucoup trop simple..."

2 - Enfin si nous prenons un peu de recul pour réfléchir sur le principe même de la méthode scientifique, il faut bien nous rappeler que la science ne peut atteindre qu'une partie du réel : ce qu'elle peut observer, mesurer, avec les moyens dont elle dispose aujourd'hui. Elle est nécessairement limitée à l'aspect sensible du réel, à ce que ses appareils lui permettent d'atteindre. La mise au point d'appareils nouveaux lui permet de progresser, mais en restant toujours dans le domaine du sensible ; il y a d'autres approches complémentaires ; je laisserai à des philosophes de métier le soin de les développer avec plus de rigueur, mais il est essentiel de ne pas oublier ces autres aspects du réel.

La Vie est plus que l'ensemble des réactions physico-chimiques par lesquelles elle s'exprime ou s'analyse ; la présence de propriétés nouvelles est l'indice d'un niveau supérieur d'organisation irréductible à ses éléments. L'apparente continuité matérielle, les passages, possibles ou réalisés au cours du temps, n'impliquent pas une identité. L'émergence de propriétés nouvelles manifeste justement une discontinuité perceptible au niveau de la réflexion. Savoir produire une chose ne permet pas nécessairement de rendre entièrement compte de l'objet nouveau.

Pour conclure, je dirai avec mon collègue Michel Delsol que le réductionnisme est essentiellement une méthode d'analyse scientifique. Pour moi il exprime une tendance fondamentale de l'esprit humain et permet d'agir sur la nature, mais il n'est qu'une méthode au service d'un esprit fini et limité, incapable de tout appréhender d'un seul coup, alors que la réalité infiniment plus riche et plus complexe est irréductible à nos analyses limitées.

Le réductionnisme est indispensable à l'analyse scientifique, mais ce n'est qu'un moyen, il ne faut pas l'oublier.

Références

(1) C. Popper **L'univers irrésolu. Plaidoyer pour l'indéterminisme.** (trad. française R. Bouveresse), Hermann, Paris, 1984, 160 p.

(2) E. Mayr **La biologie de l'évolution.** Hermann, Paris, 1981, 175 p.

(3) J.S. Gould **Le pouce du Panda : les grandes énigmes de l'évolution** (trad. française), Grasset, Paris, 1980, 318 p. (ici : p. 25).

(4) H. Tintant La loi et l'événement. Deux aspects complémentaires des Sciences de la Terre. **Bull. Soc. Géol. France**, 1986, (8), t. II, n°1, pp. 185-190.

OUI AU REDUCTIONNISME BIOLOGIQUE

par

Michel Delsol et Janine Flatin

D'emploi récent en Sciences naturelles, le terme "réductionnisme" a plusieurs significations, comme l'ont rappelé nos collègues Payot, Poulat et Mouterde. En fait, pour le scientifique, "réduire" c'est ramener un phénomène complexe à des additions, des multiplications, des associations diverses de phénomènes déjà connus. Le but ultime de la science est toujours de "réduire" ; l'activité explicative de la science est réductionniste par nature. Lorsqu'un scientifique observe un phénomène nouveau, il cherche toujours à l'expliquer. Nous sommes même tentés d'écrire qu'il y a à peu près "synonymie" entre les termes "réduire" et "expliquer", car expliquer c'est aussi ramener un phénomène inconnu à un phénomène connu ou à un ensemble de phénomènes connus. Mais précisons bien - et nous reviendrons là-dessus dans notre conclusion - que ce phénomène connu ne l'est encore que dans notre langage car ramener à un phénomène connu cela revient simplement à repousser le problème d'un degré.

Ainsi lorsque, voyant un poids énorme soulevé par une machine maniée par un seul homme, nous expliquons la capacité de cette machine par un système de leviers, nous "réduisons" cette capacité de soulever un poids au principe du levier, c'est-à-dire à un phénomène connu ; mais cette explication n'en demeure pas moins très relative puisque nous ignorons pour quelles raisons un levier nous permet de multiplier nos forces : nous savons exprimer mathématiquement les capacités d'un levier sans connaître l'origine du phénomène. De même, lorsqu'à la fin de cet exposé nous aurons l'occasion d'exprimer notre accord avec une conception de Lhermitte schématisant les rapports de la matière et de la vie, du cerveau et de la pensée, nous préciserons que ce schéma correspond à un réductionnisme lui aussi très relatif.

Il en sera évidemment de même lorsque nous dirons que l'on peut réduire l'évolution biologique à un immense jeu de mutations - grandes ou petites - triées par la sélection. Ceci ne veut nullement signifier que ces phénomènes sont simples. Plusieurs disciplines modernes ont participé à l'élaboration de cette thèse et les systèmes de lois ainsi construits sont le résultat de milliers de travaux qu'aucun homme ne peut prétendre avoir tous lus.

"Réduire" ne signifie pas non plus nécessairement que l'on passe du complexe au simple. Lorsqu'on explique, par exemple, le cycle sexuel de la femelle de mammifère par un jeu d'hormones, de multiplications ou de destructions de cellules en faisant intervenir les phénomènes de "feed back" les plus étonnants, on a certes "réduit" mais on n'a pas simplifié : on a fourni, au contraire, une explication immensément complexe. Nous reviendrons sur ces problèmes dans notre conclusion.

Faut-il encore préciser que lorsque le scientifique "réduit" pour comprendre toutes les composantes et potentialités de la matière, il ne renonce nullement à faire ensuite des synthèses ; celles-ci seront d'autant plus solides et crédibles que les données qui les étayent seront détaillées et précises. Il sait aussi parfaitement que ces synthèses pourraient faire apparaître un système "organismique" nouveau : c'est ainsi que certaines liaisons d'atomes individuellement de goût fade peuvent donner un produit de goût sucré, ce que tout le monde sait depuis longtemps.

Les discussions portant sur les possibilités de "réduire" - que l'on emploie ou non le mot "réductionnisme" - ont été la source d'un nombre considérable de querelles suscitées par les découvertes réalisées notamment tout au long du XIXème siècle et au début du XXème. Ainsi on a d'abord hésité à croire que les corps vivants étaient composés d'éléments chimiques analogues à ceux de la matière inanimée ; on voulait absolument voir dans ce qui était vivant des substances différentes de celles qui constituaient l'air ou les cailloux ; on ne voulait pas réduire la composition chimique du vivant à celle de la matière inanimée.

Puis, à l'époque de la chimie naissante, il se trouva des auteurs pour affirmer que l'on ne pourrait jamais réaliser la synthèse des corps de la chimie organique (c'est-à-dire des composés du carbone) car, disait-on, les liaisons de ces corps étaient assurées par une force vitale qui ne relevait pas du domaine de la science mais des éléments d'une métaphysique que l'homme ne pourrait jamais connaître : c'était la thèse de Berzélius. On sait la suite : la synthèse de l'urée, de l'acétylène et, aujourd'hui, toutes les synthèses biochimiques effectuées dans nos laboratoires.

Enfin à la fin du siècle dernier, notamment à la suite de Hans Driesch, et jusqu'à ces dernières décennies, les vitalistes prétendirent que la vie elle-même n'était pas réductible à de la physico-chimie et qu'elle ne pourrait jamais être synthétisée, comme avaient été fabriqués du caoutchouc synthétique ou de la soie artificielle. Certains prétendirent même que la matière vivante n'obéissait pas aux lois de la thermodynamique. Une expression caractéristique de la pensée vitaliste nous est fournie par Cuénot dans un texte qui ne correspond d'ailleurs qu'à une étape de sa pensée et où il déclare que si l'on arrivait à fabriquer chimiquement une cellule, ce ne serait, à son avis, qu'un cadavre de cellule.

Certes, les anti-vitalistes n'ont pas encore réussi la synthèse du "grain de vie" qui permettrait de clore ces discussions de façon aussi nette que furent rejetés les idées de Berzélius mais nous n'avons plus aucune raison de penser aujourd'hui que la matière vivante puisse être

autre chose qu'une substance physico-chimique extrêment complexe. Il est d'ailleurs curieux de constater que les auteurs qui se posent encore des questions à ce sujet ne sont jamais chimistes. Sur ces points, nous sommes entièrement d'accord avec les idées exprimées dans le remarquable ouvrage de Debru (1) et dans l'article de Daune, en particulier quand ce dernier écrit : " Cette approche méthodologique de la biophy-
" sique moléculaire, critiquée pour son aspect réductionniste, semble
" pourtant être pour le moment la plus efficace pour comprendre le
" fonctionnement d'un être vivant." (2)

Bien que ces querelles appartiennent au passé, le refus du réductionnisme biologique, tel l'hydre aux cent têtes de la légende, réapparaît encore de nos jours dans certaines réunions scientifiques. Il se manifeste sur trois points :

- on hésite à croire que l'être vivant en tant que "totalité" puisse être réellement "réduit" uniquement à de la physico-chimie ; c'est là une forme d'anti-réductionnisme assez proche du vitalisme finissant que nous avons évoqué plus haut, mais qui en diffère par le fait qu'elle refuse cependant de voir dans la vie autre chose que de la chimie et qu'elle met en avant la notion de "totalité" ;

- on hésite à croire les explications de la théorie synthétique selon lesquelles l'évolution tout entière peut être réduite au jeu mutation-sélection et à des phénomènes de hasard propres aux petites populations ;

- on hésite à croire que la pensée peut être réduite à l'activité des neurones.

Nous allons préciser nos positions sur ces questions.

I - Le Problème de la Régulation et de la Totalité de l'Etre

Ce problème a été conceptualisé pour la première fois par Hans Driesch lors de ses observations sur la régulation embryonnaire. Aujourd'hui encore, les auteurs qui refusent tout vitalisme sont toujours étonnés de la capacité de régulation des oeufs et même de celle de certains adultes.

André Pichot, par exemple, se livre à une bonne critique de toutes les tentatives para-vitalistes : "La biochimie montre, écrit-il, qu'il n'y a
" pas de fantôme pour commander la machine et que la spécificité de
" l'être vivant ne peut donc résider dans un tel fantôme." (3) Il critique, en particulier, à très juste titre, nous semble-t-il, le recours à l'émergence (*) quand il écrit notamment avec une certaine ironie : "Après

(1) Debru : **L'esprit des protéines. Histoire et philosophie biochimiques;** Paris, Hermann, 1983, XV + 365 p.
(2) Daune : l'approche biophysique en biologie moléculaire, **in : L'explication dans les Sciences de la Vie**, recueil édité sous la direction de Barreau, CNRS, 1983, pp. 55-65 (ici : p. 55).
(3) A. Pichot : Explication biochimique et explication biologique, **in : L'explication dans les Sciences de la Vie**, 1983, pp. 69-103 (ici : p. 72)
(*) Nous nous sommes également expliqué là-dessus dans **Cause, Loi, Hasard en Biologie**.

" avoir montré qu'il n'y a pas de fantôme commandant la machine, les
" biologistes l'en ont fait émerger ; (...)." (1)

Malgré cela, dans les passages qui suivent, il suggère une sorte de
spécificité du vivant au sujet de laquelle nous exprimerons quelques
réticences : "Le principe de cette autonomie dépendante de l'être vis-à-
" vis de son milieu est celui d'un processus de totalisation de cet être
" à partir de ses éléments, de telle sorte que la totalité serve de fina-
" lité ; c'est-à-dire qu'il faut transformer les relations entre ces
" éléments constitutifs en des relations de déterminisme (...)." (2) Et
plus loin : "Dans cette conception, la vie n'est plus une qualité intrin-
" sèque de l'être vivant (...), elle est le processus qui unit l'être vivant
" à son milieu extérieur (...) dans un dialogue qui, en même temps,
" fonde leur distinction en les définissant l'un par rapport à l'autre.
" Cette conception a l'avantage de rester dans le matérialisme épisté-
" mologique le plus strict, sans pour autant réduire la vie à la possession
" de tel ou tel caractère physico-chimique. Elle reste matérialiste car
" elle ne permet pas de concevoir la vie indépendamment de la matière,
" elle n'est pas réductionniste car elle n'en fait pas une qualité intrin-
" sèque de la matière (comme la composition chimique, la masse, etc.).
" En cela, la vie y est comparable au mouvement, indissociable de la
" matière tout en lui étant extrinsèque." (3)

Ces textes nous semblent chercher à séparer vie et matière d'une
façon artificielle. Certes, la vie ne correspond pas seulement à la
"possession de tel ou tel caractère" mais plutôt au fait qu'elle possède
à la fois un très grand nombre de caractères particuliers dont la réunion
donne la vie. Mais ceci nous paraît encore bien réellement réductionniste car nous voyons ces propriétés du vivant se réaliser peu à peu
dans les étapes "pré-vivantes" que paraissent avoir reconnues les auteurs
qui s'intéressent aujourd'hui aux problèmes des origines de la vie.

Il y aurait irréductibilité du vivant si l'on était dans l'impossibilité
d'utiliser même une "super-chimie" pour l'expliquer totalement et si, du
même coup, on prétendait que l'on ne pourra jamais le synthétiser
comme on est arrivé à synthétiser du caoutchouc.

Refuser d'attribuer la possibilité d'être réduit à un ensemble
pouvant se ramener à des parties sous le prétexte que ce que peut
faire isolément une des parties ne correspondra pas nécessairement à ce
qu'elle fera lorsqu'elle sera intégrée dans l'ensemble, cela revient à dire
qu'une machine n'est pas réductible parce qu'elle est le produit d'un
grand nombre d'éléments divers dont l'association fait jaillir des propriétés propres à l'ensemble ; dans un tel cas, un moteur à essence ne
serait pas "réductible" car l'essence ne peut produire un effet dans ce
moteur que si elle est associée au système de pistons que tout le
monde connaît.

(1) A. Pichot : Explication biochimique et explication biologique, in :
    L'explication dans les Sciences de la Vie, 1983, pp. 69-103 (ici :
    p. 73).
(2) Ibidem : p. 84.
(3) Ibidem : pp. 89-90.

Il nous reste maintenant à voir pour quelles raisons d'ordre biologique l'idée de totalité de l'être n'apporte aujourd'hui, nous semble-t-il, aucun argument nouveau à l'anti-réductionnisme. Notre opinion peut se résumer de la façon suivante :

a) Il est certain que l'être vivant est le résultat d'une chimie très particulière ; or il n'est pas douteux que, si l'on peut - de façon artificielle et quelque peu scolaire - diviser la chimie moderne en chimie minérale, chimie organique (ou chimie des composés du carbone) et chimie biologique (ou chimie du vivant), cette dernière ne représente que la partie la plus complexe de la chimie organique : elle n'est qu'une "super-chimie", selon une expression de Lehninger (1). Cette division ne correspond donc pas à une réalité profonde ; chimie organique et chimie biologique se chevauchent continuellement et leur distinction n'est qu'affaire de commodité.

b) Les systèmes qui assurent la "totalité" de l'être et qui permettent de définir un être vivant sont certainement issus des propriétés des corps de la chimie organique. On a d'ailleurs aujourd'hui mille raisons de penser que l'être vivant doit pouvoir être synthétisé. Il est donc réductible à de la chimie.

c) Néanmoins, il est évident que l'être vivant se distingue de la matière du chimiste par le fait qu'on peut le "dénommer", c'est-à-dire l'identifier de sa naissance à sa mort en tant que "Pierre", "Paul" ou "Jacques". Nous avons déjà longuement analysé cette question en insistant notamment sur l'hétérogénéité de cet être (2). La régulation embryonnaire constitue aussi l'un des aspects les plus étranges de cette capacité de l'être vivant à donner une totalité. Cependant ce phénomène ne doit pas nous impressionner au point de voir dans cette capacité le moindre retour à une "semi-entéléchie" qui pourrait évoquer, fût-ce de loin, celle de Hans Driesch.

Notons d'abord que l'on peut parfaitement fabriquer des êtres composites. Il y a déjà longtemps que Houillon construisit des chimères de Batraciens dont les deux moitiés du corps étaient issues de deux animaux différents. Rappelons ensuite que si nous ne connaissons pas encore les mécanismes qui permettent aux vivants d'assurer la totalité de leur être, nous commençons de posséder là-dessus quelques idées qui, pourtant classiques aujourd'hui, ne paraissent pas encore s'être parfaitement intégrées aux discussions philosophiques.

On ne tient pas assez compte actuellement du fait que la vieille théorie cellulaire est entrée dans une deuxième phase de son histoire depuis les travaux de Morgan dans les années 20 et surtout depuis ceux de Gurdon au milieu de ce siècle. Lorsque cette théorie fut élaborée, il y a plus de cent ans, les auteurs contemporains pensaient que l'être vivant était composé de petites unités toutes semblables dans leur principe - noyau + cytoplasme - et ne présentant entre elles que des différences de structure qui, suivant les cas, en faisaient des cellules nerveuses, des cellules épithéliales, des cellules musculaires, etc.

(1) Lehninger : **Biochimie**, Flammarion, Paris, 1973, p. 5.
(2) Delsol : **Cause, Loi, Hasard en Biologie**, Vrin, Paris, 1984, 246 p.

Cependant, à partir du moment où l'on démontra que le noyau de chaque cellule possédait en archives (à quelques cas exceptionnels près et aux mutations somatiques près) tous les caractères de l'être, on vit naître une conception de la théorie cellulaire bien plus complexe que la précédente ; la cellule n'est plus considérée comme une simple brique car elle possède le plan (ou programme) du tout auquel elle appartient. En outre, grâce à ce programme inscrit en miniature sur des chromosomes-puces, elle peut - non parfois sans difficultés - se dédifférencier.

L'image de la "totalité" qu'offre le vivant devient une simple conséquence de cette étrange propriété qui est encore de la chimie et dont l'étude s'appelle, du reste, la "biochimie moléculaire".

En voici un exemple. Au cours du développement embryonnaire du Triton, on sait qu'un jeu d'inducteurs assure la formation de la patte. L'individu étant achevé, si l'on coupe l'une de ses pattes, la cicatrice se recouvre bientôt de cellules dont la masse constitue ce que l'on appelle le blastème de régénération. Ces cellules ont une structure très simple : ce sont de véritables cellules embryonnaires qui contiennent évidemment dans leur noyau toute l'information de l'être et, notamment, les gènes qui déterminent la constitution de la patte. Il est alors logique de penser que, lorsque le blastème est formé, il reçoit des inducteurs qui l'amèneront à se transformer en patte, exactement comme cela s'était produit lors de la constitution de la première ébauche de patte. On pourrait presque dire que, lorsque le blastème est formé, nous sommes ramenés au problème précédent : celui de l'embryogenèse normale.

Nous avons beaucoup moins d'arguments pour expliquer les régulations embryonnaires qui nous paraissent presque aussi étranges qu'au temps de Hans Driesch. On peut admettre que l'ADN, l'ARN et les protéines doivent retrouver un certain équilibre, analogue à celui qui s'était créé au moment de la formation de l'oeuf dans l'ovaire mais tout ceci n'est qu'hypothèse. On ne voit cependant pas pourquoi la régulation embryonnaire nécessiterait des mécanismes autres que physico-chimiques.

Ainsi la nouvelle théorie cellulaire nous amène à penser que la vie est une structure assez particulière puisqu'elle est composée d'éléments qui possèdent tout le programme de l'ensemble mais cette particularité étant encore réductible à de la chimie, on ne voit pas pourquoi nous refuserions de dire que l'être vivant est réductible à de la physico-chimie.

II - Le Réductionnisme au niveau de l'Evolution biologique

Les spécialistes de la théorie synthétique admettent que la mutation est essentiellement la source de la variabilité ; cette mutation peut être soit rejetée, soit retenue par la sélection naturelle. Les auteurs qui discutent de la validité de cette théorie font essentiellement porter leurs critiques sur deux plans :
a) Ils ne veulent pas admettre que des séries de petites mutations analogues à celles que l'on a observées en laboratoire suffisent pour

expliquer la genèse d'organes aux structures très complexes, tels que l'oeil, l'oreille, l'aile, etc. Ils insistent sur le fait que, pour qu'un animal voie, il ne lui suffit pas de posséder une structure oculaire mais qu'il lui faut aussi posséder des centres nerveux rattachés à cette structure. On notera que ceux qui formulent cette critique admettent, en général, que le jeu des mutations sélectionnées suffit pour expliquer le passage d'une espèce à une espèce voisine, mais ils pensent que la constitution d'un organe complexe relève d'un autre mécanisme, encore inconnu. Ils s'opposent donc à la thèse typiquement réductionniste qui suggère que les éléments les plus complexes de la matière vivante peuvent s'expliquer par de petites transformations accumulées : les mutations.

b) D'autres auteurs n'acceptent pas le rôle majeur attribué à la sélection dans le triage des mutations. La théorie synthétique met en évidence la correspondance et la complémentarité des observations des zoologistes, des botanistes, des paléontologistes et celles des généticiens des populations. Cette théorie est née du fait même que les recherches sur la génétique des populations ont apporté des explications aux observations des zoologistes. Comme l'a écrit Teissier, elle explique que "un " grand nombre de gènes ayant chacun une action très minime" ait permis l'apparition de variétés ou d'espèces assez distinctes "pour se " manifester aux yeux des spécialistes par des différences morpholo- " giques multiples, perceptibles ou même mesurables". (1)

La conception réductionniste qui soutient la théorie synthétique correspond donc à une vision des choses issue d'abord de l'observation de la nature ; à cette vision réductionniste, la génétique des populations a ensuite donné une explication.

Il est alors logique d'expliciter ici les observations des zoologistes ou des botanistes sans nous occuper des calculs de la génétique des populations. Nous étudierons donc seulement le problème des petites transformations de la nature et nous essayerons de voir si ces petites transformations qui pourraient correspondre aux mutations des généti- ciens sont susceptibles d'aboutir peu à peu à de grandes transformations.

Lorsqu'un zoologiste examine, dans un même genre, une série d'espèces qui paraissent se ressembler d'assez près, il constate que ce qui pourtant les distingue, c'est un ensemble, parfois important, de petites différences portant sur des détails de la forme du corps, de la couleur de la peau, etc. ; mais, en même temps, il ne peut pas ne pas remarquer que si tous ces détails accumulés font la différence entre deux espèces, chacun peut - sans conteste - s'expliquer par de petites mutations.

Dans certains cas, même, en examinant des espèces voisines et qui paraissent se suivre, on a bien montré qu'il y avait correspondance entre les changements observés au niveau d'une pièce anatomique isolée et les mutations que nous connaissons habituellement. On a étudié, par exemple, l'évolution d'une pièce de la région génitale des insectes du genre **Helicopsyche.** On a suivi également des pièces anatomiques dans

(1) Teissier : Transformisme d'aujourd'hui, **in : Ann. Biol.,** 1962, vol. 1, n° 7-8, pp. 359-374 (ici : p. 369).

une série de **Culex** et on a l'impression que, pour chaque détail étudié dans ces séries, ce sont des petites mutations qui permettent de passer d'une espèce à l'autre. On peut même faire des observations similaires pour des formes appartenant à des genres différents.

Cependant, comme nous l'avons dit plus haut, peut-on généraliser à partir de ces observations, c'est-à-dire peut-on penser qu'il a suffi de mutations de type classique pour constituer toute la phylogenèse du monde vivant ? Il faudrait tout un ouvrage pour répondre à cette question et, qui plus est, un ouvrage très technique. Nous allons essayer d'en résumer quelques idées principales.

La théorie biologique qui suggère que l'évolution tout entière s'est réalisée grâce à de petites mutations peut se ramener à deux types d'arguments : l'un fourni par des observations cytologiques, l'autre par l'observation de la nature.

A - Argumentation issue des observations des cytologistes

On sait que chez toutes les espèces vivantes, il faut que les chromosomes constituent des paires semblables pour que le développement embryonnaire se réalise correctement et pour que puisse avoir lieu normalement, dans les gonades, les phénomènes de chiasmatypie liés à la formation des gamètes. Le système de la gamétogenèse et celui de la fécondation ne permettent donc pas à une cellule sexuelle qui présenterait une mutation trop importante d'avoir une descendance ; seuls peuvent avoir une descendance des gamètes mâles et femelles à peu près semblables sur le plan chromosomien. Evidemment on pourrait imaginer qu'une cellule sexuelle porteuse d'une grande mutation en rencontre une autre possédant la même mutation mais ceci est pratiquement impensable. Le système de la reproduction sexuelle sert donc, en quelque sorte, de filtre qui ne laisse passer que les mutations de petite taille. Il faut cependant bien préciser que ce filtre a des mailles assez larges et, de plus, fort irrégulières. Ainsi beaucoup d'espèces vivantes peuvent se croiser avec une espèce très proche et donner parfois avec elle des hybrides non stériles, ce qui prouve bien d'ailleurs que le passage d'une espèce à une autre est un **continuum**.

Cependant on connaît des cas où ce système laisse passer d'importantes mutations, par exemple dans les phénomènes de polyploïdie où une cellule-oeuf se dédouble après la fécondation et donne un nombre de chromosomes multiplié par un nombre pair par rapport au chiffre originel. Ces phénomènes sont connus depuis fort longtemps ; on en observe dans la nature ; on en fabrique en laboratoire et les horticulteurs les utilisent même sur le plan industriel.

Toutefois la polyploïdie ne semble avoir donné naissance à des espèces nouvelles que dans le règne végétal où beaucoup d'espèces portent sur un même pied, voire sur une même fleur, des organes mâles et femelles. Dans ce cas, si une mutation géante atteint une graine, il y aura, côte à côte sur le pied issu de cette graine, des ovules et des spermatozoïdes tous mutés. La fécondation sera alors possible entre deux sujets mutants semblables qui auront une descendance. On a même vu des croisements exceptionnels donner, après polyploïdie, une descendance hybride tout à fait étrange dont le cas le plus célèbre décrit depuis plus de 50 ans dans les traités de Biologie est le chou-radis, **Raphanus brassica.**

Les synthéticiens connaissent bien ces phénomènes qu'ils ont intégrés dans leur système ; Dobzhansky, par exemple, leur consacre plusieurs pages.

B - Arguments fournis par l'observation de la nature

Deux types de données méritent d'être étudiés.

1 - On fera d'abord remarquer que, contrairement à l'espoir de certains auteurs, aucune mutation géante, aucun saut brusque n'ont jamais été observés dans la nature, mises à part les mutations polyploïdes dont nous venons de parler.

D'aucuns pourraient évidemment trouver une parade à cette objection en disant que ces phénomènes n'ont pas été observés parce qu'ils sont extrêmement rares, mais cette parade ne serait valable que pour une théorie conçue, par ailleurs, à partir d'une argumentation solidement établie. Einstein a contruit son argumentation sur des calculs purement théoriques qu'il a pu vérifier une première fois lors d'une éclipse célèbre. Mais nous ne connaissons aucun argument définitif en faveur de sauts brusques qui feraient apparaître des formes nouvelles. Dans les séries fossiles, les coupures à partir desquelles certains paléontologistes ont cru pouvoir bâtir le ponctualisme peuvent parfaitement s'expliquer par beaucoup d'autres hypothèses bien plus simples, notamment par les aléas de la fossilisation. Cette parade n'est donc pas valable et son argumentation correspond à une hypothèse purement imaginaire.

2 - Il faut aussi rappeler une série de faits capitaux révélés par l'anatomie comparée. Cette science a pour but, comme on le sait, de décrire par comparaison l'anatomie des espèces fossilisées ou actuelles. Bien que beaucoup d'espèces aient aujourd'hui disparu, les comparatistes ont apporté au problème qui nous occupe ici d'importantes contributions que l'on peut schématiser en quatre points principaux.

a) Grâce aux fossiles, les paléontologistes ont l'avantage de pouvoir suivre, dans le temps, l'histoire d'espèces dont ils ne connaissent que les squelettes et dans quelques cas - assez rares, il est vrai - ils ont reconnu des séries fossiles dont le gradualisme était étonnant. Ils ont alors montré qu'entre certains groupes dont les vivants actuels A et B paraissent assez éloignés, il y avait des séries de fossiles si proches et si nombreuses que le passage de A à B avait certainement été très progressif. Ce cas est bien connu pour le passage des Reptiles aux Mammifères.

En outre, en examinant quelques-unes de ces belles séries de fossiles,on est amené à penser que si l'on ne connaissait que les extrémités de ces séquences, on pourrait croire à des sauts entre espèces éloignées : si l'on regarde, par exemple, la célèbre lignée des ancêtres des Chevaux, on peut penser que si l'on ne connaissait que la patte de l'**Eohippus** et celle de l'**Equus** actuel, il ne viendrait pas à l'idée d'établir un lien entre ces deux espèces et l'on pourrait alors suggérer l'hypothèse de ces mutations géantes ou de ces sauts brusques dont rêvent certains auteurs.

Il est vrai que quelques scientifiques ont prétendu avoir trouvé à l'intérieur de cette lignée une zone où il pourrait y avoir un petit saut brusque. Or lorsque nous ne trouvons pas de séquence et lorsque nous observons des sauts entre des fossiles cela ne prouve rien car, en science, le négatif ne devient une preuve que dans des cas tout à fait exceptionnels. Lorsque des séquences nous manquent dans un cas x alors que nous avons une suite dans le cas y, nous devons avoir tendance à penser que cette lacune du cas x est due aux aléas de nos recherches ou aux aléas de la fossilisation elle-même.

b) Aux zoologistes qui, dans les formes vivantes actuelles, cherchent à définir des classes et des embranchements ou qui étudient des structures telles que des tissus ou des organes, il est apparu qu'il existe tellement d'espèces et tellement de structures intermédiaires qu'ils ont été amenés à penser que le passage d'un embranchement ou d'une classe à l'autre a dû être très progressif. La zoologie confirme alors l'idée que l'absence de séquences, comme dans le cas x cité plus haut, est bien due aux aléas de la recherche.

Voici quelques exemples observés par les histologistes dans l'étude des systèmes tissulaires. Le cytoplasme de certains protozoaires présente des régions à structures striées contractiles qui ressemblent, en quelque sorte, à une zone musculaire : on a l'impression qu'il s'est constitué un organite cytoplasmique correspondant à une ébauche de muscles. Chez des métazoaires primitifs tels que les hydres d'eau douce, il existe des cellules dont une portion importante est réellement muscularisée, tandis que l'autre portion demeure du cytoplasme ordinaire. Chez des formes plus évoluées encore (**Ascaris**), on observe des cellules où le cytoplasme vrai est moins développé que la zone musculaire. On pourrait ainsi aller de la musculation primitive du protozoaire aux muscles évolués des métazoaires.

Entendons-nous bien : nous ne disons pas que les phénomènes ainsi sommairement décrits correspondent à des phylogenèses, mais l'existence deces étapes dans le monde des vivants actuels suggèrent que de telles étapes ont très bien pu se réaliser au cours de l'histoire de la vie. On ne voit pas pourquoi ces accroissements de la zone "muscularisée" ne se seraient pas réalisés par de petites mutations puisque les exemples fournis par la zoologie donnent des images qui pourraient correspondre à de très petites étapes, c'est-à-dire justement à ces petites mutations. Nous sommes donc ici totalement réductionnistes.

De la même façon, l'étude comparée des structures globales qui nous permettent de définir des groupes zoologiques ne doit pas laisser croire que l'on trouve toujours entre ces groupes des coupures caractéristiques. Par exemple, on admet en général que c'est parmi les Cnidaires (méduses, coraux, anémones de mer, etc.) qu'il faut rechercher les ancêtres du groupe des Cténaires, formes marines assez peu connues. Dans ces cas il existe des intermédiaires typiques : ainsi dans la classe des Anthoméduses, le type très particulier des **Hydractinia** qui ressemblent tellement aux Cténaires qu'on pourrait les ranger dans ce groupe si elles avaient perdu un petit organite - ou cnidocyste - qui, situé dans la peau des Cnidaires, caractérise justement ces derniers.

Chez les Batraciens, il est facile de distinguer un triton d'une grenouille, autrement dit un urodèle d'un anoure. Mais lorsque l'on étudie certains caractères comme le crâne d'un têtard d'**Ascaphus**, espèce considérée comme la plus primitive des anoures, on reconnaît vite que cette espèce est bien proche d'un urodèle. On pourrait multiplier de tels exemples.

Précisons encore que les formes vivantes actuelles qui nous offrent ainsi des types intermédiaires suggérant le passage graduel d'un grand groupe à l'autre ne représentent certainement pas le groupe de passage ancestral lui-même mais peut-être seulement des formes - très modifiées par évolution - de ce groupe de passage. Ces structures intermédiaires actuelles ne nous montrent pas le chemin réel de l'évolution mais nous donnent une idée du déroulement possible des séquences évolutives.

c) L'étude de l'anatomie comparée résout encore l'un des problèmes qui a si souvent intrigué les spécialistes de l'évolution et que nombre de biologistes et de philosophes ont remarquablement analysé : à savoir la nécessaire perfectibilité des organes pour que ceux-ci puissent fonctionner. Bergson, citant Janet, prend comme exemple la structure de l'oeil :

" Considérons l'exemple sur lequel ont toujours insisté les avocats
" de la finalité : la structure d'un oeil tel que l'oeil humain. Ils n'ont
" pas eu de peine à montrer que, dans cet appareil si compliqué, tous
" les éléments sont merveilleusement coordonnés les uns aux autres.
" Pour que la vision s'opère, dit l'auteur d'un livre bien connu sur les
" "Causes finales", il faut "que la sclérotique devienne transparente en
" un point de sa surface, afin de permettre aux rayons lumineux de la
" traverser... ; il faut que la cornée se trouve correspondre précisément
" à l'ouverture même de l'orbite de l'oeil... ; Il faut que derrière cette
" ouverture transparente se trouvent des milieux convergents... ; il faut
" qu'à l'extrémité de la chambre noire se trouve la rétine... (1) ; il
" faut, perpendiculairement à la rétine, une quantité innombrable de
" cônes transparents qui ne laissent parvenir à la membrane nerveuse
" que la lumière dirigée suivant le sens de leur axe (2), etc., etc." (3)

Cette argumentation qui avait suggéré à certains auteurs l'hypothèse de variations brusques ne tient plus aujourd'hui parce que l'on s'aperçoit, grâce à l'anatomie comparée des seules formes vivantes actuelles, que les organes que nous connaissons ont toujours apparu par étapes. On peut considérer comme une règle fréquente que la construction des organes et des appareils complexes se réalise de la façon suivante : une structure seconde complète le fonctionnement d'une structure primitive plus simple déjà existante et la remplace peu à peu.

Quelques exemples mettent ce phénomène en évidence. Beaucoup de poissons ne respirent pas seulement par les branchies mais utilisent également des systèmes de respirations aérienne de secours lorsqu'ils vivent dans des eaux insuffisamment oxygénées : eaux stagnantes ou encombrées de détritus végétaux, marécages à assèchement saisonnier, etc. C'est ainsi que divers appareils se sont transformés pour compléter

(1) Janet : **Les Causes Finales,** Baillère, Paris, 1876, p. 83.
(2) **Ibidem,** p. 80.
(3) Bergson : **L'Evolution Créatrice,** 155 éd., PUF, Paris, 1983, p. 61.

la respiration branchiale : diverticules de la cavité pharyngienne et des cavités stomacales ou intestinales se remplissant d'air, organes arborescents se liant aux arcs branchiaux, etc. Il existe aussi un système qui présente très probablement une homologie au moins partielle avec le poumon : c'est la vessie natatoire ; qui plus est, si l'on étudie cette vessie natatoire chez certains poissons amphibies, survivants actuels d'une époque lointaine, on observe de nombreux systèmes intermédiaires entre le non-fonctionnement de cet organe comme appareil complémentaire et son fonctionnement comme "presque poumon". Certains Lépidostéens, par exemple, peuvent vivre dans une eau très pauvre en oxygène à condition d'aller avaler de l'air en surface huit fois par heure ; si on les en empêche en plaçant un grillage au-dessus de l'aquarium, ils meurent. Il est bien connu aussi que, lorsque les marécages dans lesquels ils vivent s'assèchent complètement, certains Dipneustes s'enferment dans des cocons où ils ne respirent plus que grâce à leur vessie natatoire : celle-ci fait alors fonction de poumon pendant une partie de l'année.

L'histoire du passage de la vie aquatique à la vie terrestre montre, en somme, que la fonction pulmonaire s'est constituée par étapes. Sur le plan respiratoire, elle a réussi à assurer à elle seule la sortie des eaux, mais d'autres appareils auraient pu tout aussi bien réussir à sa place. L'histoire de cette fonction respiratoire ne donne pas à l'impression de correspondre à un schéma unidirectionnel mais plutôt à de multiples systèmes "tâtonnants", utilisant différents organes parmi lesquels un seul a vraiment "réussi", à savoir le poumon dont l'homologie avec la vessie natatoire n'est certainement pas totale malgré leur évidente parenté.

Pour comprendre des événements anciens, comme nous l'avons déjà dit plus haut, nous transposons dans le diachronique ce que nous voyons aujourd'hui dans le synchronique. Cette argumentation est d'autant plus valable que, dans quelques cas, la paléontologie nous a fourni des images qui montrent que le passage d'un grand groupe à l'autre s'est réalisé par étapes lentes. Le diachronique et le synchronique se confortent alors mutuellement.

d) Il faut maintenant discuter d'un problème qui a été également l'objet des réflexions de Bergson dans son ouvrage sur l'**Évolution Créatrice** : c'est le problème des organes semblables apparus sur des lignées différentes ; pour notre part, il nous a tant intrigués qu'il nous a empêchés pendant longtemps d'adopter totalement la théorie synthétique.

On sait que Bergson avait attiré l'attention sur la ressemblance entre les yeux de la seiche et ceux des vertébrés et qu'il en avait conclu que le hasard ne peut pas refaire deux fois le même organe complexe. Si l'on avait alors mieux connu la zoologie, il aurait fallu ajouter qu'un système "quasi oculaire" paraît se constituer dans le cytoplasme même de certains protozoaires de la famille des Dinoflagellés ; ce système rappelle tellement l'oeil des êtres supérieurs que les auteurs ont utilisé pour en désigner les différentes parties les mots mêmes de "cristallin" et de "rétine".

Voici comment on doit, nous semble-t-il, interpréter ces phénomènes. On sait maintenant que l'oeil d'un vertébré se constitue grâce à un système "en cascade" d'organisations embryonnaires qui sont décrites dans tous les manuels. Les étapes principales en sont les suivantes : une région mésodermique induit une cupule à partir du cerveau ; la cupule induit un cristallin ; le cristallin et les régions pigmentées de l'oeil induisent une cornée. Si, aussitôt après sa formation, on transplante la cupule sous la peau du ventre, il se fabrique aussi à cet endroit un cristallin et une cornée. En somme on peut dire que, le cytoplasme des cellules peut se transformer en une substance transparente sous l'influence d'inducteurs issus probablement en partie des régions pigmentées de l'oeil. Il n'y a donc rien d'étonnant à ce que se constitue une cornée en face des régions de la rétine ou du cristallin mais seulement en face de celles-ci. Qui plus est, ce processus relevant des propriétés de la matière vivante, il est tout à fait normal qu'il se soit réalisé plusieurs fois dans la série animale et qu'il ait même pu y constituer un organite intracellulaire chez certains protozoaires.

En somme, nous effectuons - mais en l'inversant - le raisonnement de Bergson : celui-ci s'étonne que des structures aussi complexes qu'un cristallin, une rétine et un système pigmentaire capables de capter des ondes lumineuses aient pu se réaliser plusieurs fois ; nous, nous ne trouvons pas étonnant que, puisque de telles propriétés appartiennent au cytoplasme, elles se soient manifestées à plusieurs reprises au cours de la longue histoire des espèces ; nous estimons même, à la limite, qu'il aurait été étrange et anormal qu'elles ne se soient manifestées qu'une seule fois. Il est possible d'ailleurs que ces propriétés aient existé très tôt dans les génomes d'espèces très anciennes et correspondent alors à ce que l'on appelle aujourd'hui "la mémoire génétique", mais ce n'est qu'une hypothèse.

Quant au problème "existentiel" de ces propriétés, il ne relève pas de l'homme de science. Celui-ci cherche à reconnaître des propriétés ; il n'a pas à se demander pourquoi ces propriétés existent ; il constate, c'est tout. On peut alors raisonner sur l'oeil comme nous avons raisonné sur le système musculaire. Nous avons dit, en effet, que le protoplasme a la propriété de pouvoir constituer des régions contractiles : c'est une constatation analogue à la constatation que l'hydrogène et l'oxygène possèdent la propriété de pouvoir s'associer dans certaines conditions pour donner l'eau. Nous n'avons pas d'autres questions à nous poser au niveau de la paillasse de nos laboratoires. Nous reviendrons sur ce point dans notre conclusion.

III - Le Problème du Cerveau - Le Concept de Structure

C'est sous un angle particulier que nous allons aborder le troisième point qui pose encore un problème au réductionnisme biologique. Il y a déjà longtemps que philosophes et théologiens se sont demandé si l'intelligence n'était qu'une des propriétés de la matière ou bien si elle était d'une nature différente de celle qui relève du domaine de la science. Dans cette discussion les positions extrêmes pourraient peut-être se résumer ainsi : les uns estimant que le cerveau "sécrète" la pensée comme le foie sécrète la bile ; les autres soutenant que la pensée est d'une tout autre nature et qu'elle est le propre d'une "âme" créée par Dieu.

Ces problèmes peuvent être abordés aujourd'hui sous plusieurs aspects.

Nous n'aborderons pas ici celui de la neurologie car cette discipline ne relève pas de notre domaine. Nous ne traiterons pas non plus des comparaisons entre le comportement animal et le psychisme humain pour lesquelles nous n'avons pas de compétence particulière. Toutefois, il se trouve que nous avons certainement été assez influencés à ce sujet par les idées de notre maître Pierre-Paul Grassé - à la mémoire duquel nous sommes heureux de rendre ici hommage - pour ne pas être tentés de penser comme lui qu'il y a de grandes différences entre l'intelligence humaine et les stimuli qui provoquent les démarches du monde animal ; cependant nous ne sommes pas tout à fait convaincus que cette argumentation permette de résoudre le problème.

En revanche nous étudierons particulièrement certains aspects de l'embryogenèse qui vont nous amener à exprimer de nouveau notre accord avec une certaine forme de réductionnisme. Enfin nous insisterons sur des réflexions issues d'une étude d'ensemble de la nature.

A - Les réflexions de l'embryologiste

Une histoire vécue il y a déjà une vingtaine d'années et dont nous pouvons certifier l'authenticité va situer ce type de réflexion. Cela se passait en 1965 environ, rue Madame, à Paris, au Centre Catholique des Intellectuels Français. 40 à 50 personnes étaient réunies, parmi lesquelles plus de la moitié étaient des biologistes ou des scientifiques éminents ; habitués de ces réunions, ils étaient presque tous catholiques ou tout au moins spiritualistes. Par ailleurs, il faut rappeler que les années 60 ont représenté certainement une étape importante dans l'histoire de la biochimie et de la biologie : le microscope électronique avait commencé de livrer les premiers secrets de la cellule au niveau moléculaire ; les biochimistes commençaient à synthétiser des molécules hautement complexes, etc. Il n'était évidemment plus question de vitalisme, du moins pour les spécialistes. C'est ainsi que des discussions amenèrent ce jour-là l'un des participants à poser la question suivante : imaginons que l'on fabrique un jour chimiquement un oeuf humain et que l'on place cet oeuf dans l'utérus d'une femme ; il s'y développerait probablement d'une façon normale et donnerait tout aussi probablement un être humain conscient et capable de penser ; que nous en dirait alors le philosophe dualiste ?

Il est important de préciser que personne dans la salle n'osa sourire de cette question tant il semble évident que tous les scientifiques présents considéraient que le problème pouvait se poser un jour et que, par conséquent, mieux valait en discuter avant. Or, en fait, la question ainsi posée nous ramène au problème des relations entre le cerveau et la pensée car, s'il est aujourd'hui envisageable que dans un avenir plus ou moins lointain on puisse synthétiser un oeuf humain, il est également logique d'admettre que cet oeuf implanté dans un utérus porteur s'y développerait suivant un processus embryonnaire totalement normal. Certes, si la synthèse de l'oeuf humain n'est envisageable que dans un avenir fort lointain, certaines expériences réalisées chez les Vertébrés permettent de penser que les transformations de l'oeuf ne sont qu'une question de technique. On sait qu'aujourd'hui déjà on peut modifier le génome de certaines espèces et on a ainsi transformé des bactéries ou des levures. On travaille sérieusement à la recherche de méthodes qui permettront de modifier le génome humain ; chez les batraciens on peut déjà changer le noyau de l'oeuf fécondé ; nous n'avons aucune raison de penser que l'on ne puisse en faire autant un jour pour l'oeuf humain et y échanger un chromosome ou une portion de chromosome. Mais quel sera alors cet homme né avec le cytoplasme de l'oeuf d'une femme et le génome - total ou partiel - de l'oeuf d'une autre femme ? Qu'en sera-t-il de son intelligence ? Qu'en sera-t-il de la conscience de soi d'un individu qui naîtrait avec des chromosomes, des noyaux ou des cytoplasmes de plusieurs parents ?

On pourrait encore explorer d'autres voies dans ce domaine.

On a évoqué tout à l'heure le cas des chimères, aujourd'hui bien connu dans le monde animal. Mais pourquoi ne pas greffer seulement la moitié supérieure d'un embryon sur une moitié inférieure d'un autre et obtenir ainsi un animal ayant le cerveau de l'un et le corps d'un autre ?

On pourrait certainement envisager des greffes de ce type chez des embryons de Mammifères, bien que cela soit plus difficile parce que le développement de ces derniers est intra-utérin, mais croyez bien que le jour viendra où l'on pourra résoudre ce problème technique. Si l'on greffe alors le cerveau d'un homme sur un autre homme, quel sera le statut de ce nouvel être ?

Dans les discussions soulevés par les problèmes de l'embryogenèse humaine il se trouve des chercheurs qui voudraient arriver à distinguer d'abord les stades qui ne correspondent encore qu'à une simple collection de cellules, puis ceux qui correspondent déjà à un être humain. La lente progressivité de l'embryogenèse nous paraît rendre cette distinction totalement arbitraire. Où commencent, où finissent, par exemple, les mécanismes de la régulation embryonnaire ? Il nous paraît impossible d'en décider puisque l'adulte lui-même a des capacités de régulation. Il n'y a pas de "top" dans l'embryogenèse ou, s'il y en a un, c'est certainement le stade de la fécondation qui est le plus souvent présenté comme le "top" fondamental ; or, en détaillant ces étapes, on verrait que ce stade est lui-même subdivisé en une série de sous-stades. En somme, les coupures que nous établissons pour décrire l'embryogenèse sont très subjectives et leur utilisation par les embryologistes pour des raisons d'ordre pratique ne nous paraît pas permettre d'étayer une réflexion philosophique.

A ces réflexions sur les déroulements embryonnaires nous allons donner une conclusion qui va encore choquer les anti-réductionnistes en nous demandant : comment peut-on voir dans ces phénomènes autre chose qu'un processus, certes très complexe, mais seulement chimique ?

B - Réflexions issues d'une étude d'ensemble de la nature

En faveur de cette thèse réductionniste qui veut faire de la pensée et de la conscience une propriété de la masse même des cellules cérébrales, il existe un dernier argument qui n'est pas de la même nature que les autres mais qui mérite attention ; à notre avis, du reste, il est peut-être le plus convaincant.

Qu'on le veuille ou non, un scientifique ou un philosophe est toujours amené au cours de sa carrière à se faire une idée globale du cosmos ou tout au moins à essayer de rattacher ses propres conceptions à une théorie d'ordre général. Sur un certain nombre de points, aujourd'hui, il semble que se dessine dans la pensée de beaucoup de philosophes ou de scientifiques épris de philosophie une sorte de "conception convergente" étayée par un nombre considérable de travaux. Elle est cependant rejetée par certains théologiens et philosophes chrétiens dont l'argumentation révèle à l'évidence qu'ils ignorent l'importance des documents sur lesquels elle s'appuie. On oserait presque dire que ces auteurs portent tort à la pensée chrétienne dont ils se réclament en contestant avec une certaine "naïveté" des disciplines qu'ils ne maîtrisent pas suffisamment.

Cette conception convergente est le fruit d'une série de révolutions scientifiques - au sens où l'entend Kuhn - qui, de Galilée à nos jours, nous ont amenés à admettre un certain nombre de thèses que nous avons déjà évoquées dans l'introduction de ce texte. Nous les résumons à nouveau pour mieux préciser les conclusions que l'on peut en tirer.

1 - Rappelons que ces conceptions modernes naquirent lorsque l'on compris que la terre n'était pas le centre du monde mais une simple planète parmi des milliards d'autres.

2 - Depuis 1800, on a admis successivement que la matière vivante était constituée des mêmes corps simples que la matière inanimée, qu'il n'y avait pas de "force vitale", que la vie était apparue sur la terre comme un processus naturel, que les espèces vivantes s'étaient constituées par voie d'évolution.

3 - Aujourd'hui, la plupart des spécialistes de cette évolution biologique admettent qu'elle s'est déroulée suivant les seuls processus des lois physico-chimiques : c'est le schéma de la Théorie synthétique dont nous avons discuté plus haut (que certains de ces processus soient modifiés par des ponctualistes ou par des neutralistes, cela ne change rien à l'idée émise ici).

4 - En somme, tout nous amène à penser que les particules qui constituent la matière possèdent des propriétés ou des lois qui, par le simple jeu de phénomènes parfaitement analysables par la science, ont provoqué sur notre planète l'apparition de la vie et des êtres vivants les plus complexes. Nous n'avons aucune raison d'imaginer que l'on puisse reconnaître dans cette histoire un quelconque élan vital.

On peut alors se demander pourquoi il y aurait une exception à cette capacité de structuration au niveau de la prise de conscience et de la pensée. Il faut même avouer qu'il serait tentant d'admettre que, dans l'immense univers, tout se tient et tout s'englobe dans une même série de possibles :

- à un certain niveau de structure, la matière a pu donner des êtres vivants au moins sur une planète, sans doute sur plusieurs ;

- à une certaine étape de développement, les êtres vivants ont pu constituer des organes complexes, tels que le cerveau ;

- à une autre étape, le cerveau a pu engendrer la pensée et la prise de conscience.

Il y a près de 80 ans, au moment où l'on commençait à admettre que la vie n'était que de la chimie, nombre de gens estimaient encore que les biologistes étaient des naïfs et que la vie avait besoin d'une "force vitale", comme la machine à écrire a besoin d'un être intelligent pour fonctionner correctement.

Nous sommes persuadés qu'il se trouverait encore aujourd'hui des auteurs pour estimer que l'embryologiste que nous sommes n'est qu'un "primaire" car, diraient-ils, l'être humain n'est qu'une machine qui a besoin d'un "esprit" pour penser. Nous ne nions pas cette hypothèse mais en tant que biologiste nous ne voyons rien qui la conforte.

Au niveau de la conscience, nous n'entrons donc pas dans la querelle du réductionnisme par le chemin normal des réflexions des neurologistes ou des spécialistes du comportement, mais par celui des embryologistes ou par celui d'une réflexion globale sur l'univers car un même problème présente toujours de multiples facettes ; par cette méthode nous adhérons parfaitement à un des derniers textes publiés par Lhermitte sur ces questions :

" Entre l'inerte et l'état vivant, il n'existe qu'une différence de
" complexité des molécules, différence qui a demandé des milliards
" d'années pour se réaliser. Les philosophes les plus spiritualistes
" l'acceptent. Jean Cazeneuve (1) a écrit récemment : "La vie ne peut
" plus apparaître comme un principe surajouté à la matière, comme un
" souffle magique, un "pneuma", une étincelle, une puissance éthérée
" qui ferait que les choses vivent quand elle est présente et meurent
" quand elle n'est plus là (...) la vie n'est pas un locataire qui l'habite
" ou qui la quitte." Matière et vie, cerveau et pensée ne posent-ils pas
" deux questions voisines ? Si j'avais à prédire, ma réponse serait affir-
" mative et sans réserve : matière inerte, matière qui vit et cerveau
" qui pense me paraissent dépendre de transformations de la matière
" dans des états de complexité croissante. La notion de l' "entité"
" pensée, distincte du cerveau, s'éteindra un jour. Il suffit de para-
" phraser la citation de Jean Cazeneuve, en remplaçant le mot matière
" par cerveau et celui de vie par pensée, pour lire une phrase qui me
" paraît exacte du point de vue scientifique. Le lecteur devrait se
" livrer à ce plaisant exercice ! Oui, lorsque le cerveau atteint un
" degré suffisant de complexité, il produit la pensée." (2)

IV - Les Limites du Réductionnisme : Conclusion

Par le titre même de cet exposé nous avons voulu attirer l'atten-tion sur l'extension de la thèse réductionniste que nous adoptons et, en même temps, sur **les limites** que nous lui assignons. Il n'est pas rare, en effet, de nos jours, que des auteurs ayant résolu un problème sur le plan scientifique se croient, de ce fait, autorisés à philosopher sur les plus vastes questions que les hommes se posent depuis toujours.

Cinq points qui correspondent en fait aux limites que nous fixons au réductionnisme nous paraissent alors nécessiter quelques commentaires.

(1) J. Cazeneuve : **La raison d'être**
(2) Lhermitte **in : La Revue des Deux Mondes**, janvier 1986, pp. 106-114

- A -

Alors que ses connaissances en zoologie sont maintenant assez
approfondies, le biologiste peut essayer de se représenter les possibilités
évolutives de la matière. Ces possibilités semblent constituer un immense
puzzle d'un modèle tel que l'imagination humaine n'a pas encore su en
fabriquer d'aussi complexe ; on pourrait le caractériser de la façon suivante :
    - dans un puzzle classique, chaque élément, c'est-à-dire chaque pièce,
possède des possibilités uniques, une structure déterminée et un dessin
précis lui permettant de prendre place dans un ensemble qui, terminé,
donnera, par exemple, l'image d'un enfant jouant au ballon sous un
arbre ;
    - le puzzle de l'univers procède d'une technique plus complexe ; ses
éléments (atomes ou molécules) sont bien des pièces du puzzle, mais
chacune de ces pièces possède une structure et un dessin qui lui permettent de donner plusieurs images possibles en fonction des pièces
avec lesquelles elle s'associe.

Ainsi, dans la nature, les cellules des êtres vivants ont pu donner
en fonction du hasard des mutations et de la sélection : soit les systèmes oculaires des Dinoflagellés, soit les yeux des Insectes, soit les
yeux des Seiches ou ceux des Vertébrés qui présentent tant de ressemblances qu'ils ont suggéré à Bergson l'idée de "l'élan vital".

Dans chacune des pièces originelles qui constituent les éléments
de base du monde auquel nous appartenons et sur lequel nous essayons
de porter un regard critique il y a ainsi un nombre fabuleux de possibilités étonnantes. Lorsque l'on étudiera un ensemble constitué, un être
ou un organe complexe, on pourra y reconnaître les parties dont l'association   a donné cet ensemble. Dans les cas simples, on pourra reconstruire certains éléments (synthèses chimiques, reconstruction de certains
virus, greffes) ou même inventer des possibilités nouvelles que les
pièces du puzzle n'avaient pas encore fait apparaître sur notre planète
(têtards jumeaux siamois, têtards à plusieurs jeux de pattes, etc.), mais,
de toute façon, même dans ces cas extrêmes, on utilisera des possibilités encore inexplorées mais préexistantes.

"Réduire" ne serait-ce pas alors simplement retrouver ou reconnaître les possibilités de ces éléments de base du réel sensible : en ce
sens, "réduire" ce serait le but ultime de la science, "réduire" ce serait
simplement reconnaître le possible. Un texte de L'Héritier, datant de
plus de 30 ans, résume cette opinion :
    " La sélection n'a en somme rien créé, mais n'a fait que choisir
    " parmi l'infinité des possibles, la chaîne ramifiée des êtres, qui
    " effectivement se sont réalisés. Que ce soit elle qui ait guidé cette
    " chaîne le long d'une marche qui, avec bien des erreurs et des imper-
    " fections, est manifestement ascendante, n'est pas en soi tellement
    " surprenant. Ce qui l'est beaucoup plus, c'est que la matière vivante
    " ait possédé en puissance ces étonnantes possibilités,..." (1)

- B -

On notera ensuite que, si nous avons donné comme titre à cet article : "Oui au Réductionnisme Biologique", c'est pour insister sur la différence qu'il y a, au niveau de ces problèmes, entre la biologie, la physique et la physico-chimie.

Dans l'introduction, nous avons déjà attiré l'attention sur les limites du réductionnisme en rappelant qu'expliquer les capacités d'une machine par un système de leviers, c'était effectué un raisonnement réductionniste qui ignore les raisons d'être de ce système. En fait, lorsqu'il "réduit" à l'extrême, le biologiste se contente de renvoyer le problème au chimiste et au physicien.

Or on sait qu'au sujet de la matière qu'ils étudient, les physiciens se posent des questions qui sont d'une autre nature que celles des biologistes. Déjà dans la deuxième moitié du siècle dernier, le physiologiste allemand Dubois-Reymond, dont l'oeuvre, sous certains aspects, révèle des positions que l'on pourrait parfaitement taxer aujourd'hui de réductionnistes, rappelait que nous ignorerons peut-être toujours les liaisons entre la matière et l'énergie.

Nous autres biologistes, nous devons savoir que lorsque nous avons expliqué les liaisons entre les acides nucléiques par des valences ou par des complémentarités de molécules nous sommes satisfaits, alors que le physicien ne peut pas l'être car, lui, veut savoir la raison d'être de ces valences ou des jeux d'énergie qui les expliquent.

Rappelons aussi que la physique moderne ne nous permet pas d'aller du réductionnisme au déterminisme, notamment. Notre réductionnisme laisse totalement place au hasard de Cournot, c'est-à-dire à des rencontres de séries causales indépendantes qui peuvent jouer dans le cosmos un rôle capital à tous les niveaux.

- C -

Nous avons volontairement supposé que notre science moderne, en raison même de ses fabuleux moyens techniques, ne paraît plus connaître ses propres limites. Mais ceci est une hypothèse de départ. Dans notre ouvrage **Cause, Loi, Hasard en Biologie**, nous avons imaginé l'histoire d'un berger vivant dans une région dépeuplée traversée par une ligne de chemin de fer. Pour assurer la sécurité de ses troupeaux, le berger doit connaître tous les détails du trafic sur la ligne : fréquence et horaire des convois, changements en fonction des saisons, etc. Il peut, à la limite, se flatter de tout savoir sur ces convois sans pour autant connaître le principe du fonctionnement de la machine qui les entraîne. Alors que nos techniques scientifiques semblent tout nous permettre, ne sommes-nous pas dans notre immense univers comme de simples bergers ignorant encore tout du mécanisme de la machine et ce mécanisme le connaîtrons-nous un jour ?

(1) L'Héritier : **Traité de Génétique**, PUF, Paris, 1954 - tome II, p. 514.

- D -

Nous n'ignorons pas non plus que nous avons admis dans notre discours certains principes de philosophie qui correspondent simplement à ceux du sens commun.

Lorsque nous parlons d'appliquer de façon générale à l'ensemble de l'évolution ce que nous observons chez des fossiles, par exemple au niveau du passage des Reptiles aux Mammifères, nous n'ignorons nullement que personne n'a encore établi la validité des inductions. Ici encore, en donnant pour titre à cet article : "Oui au Réductionnisme Biologique", nous avons volontairement ignoré les discussions du Cercle de Vienne sur la couleur des cygnes et la possibilité d'affirmer que tous les cygnes étaient blancs.

Dans nos laboratoires nous ne pourrions plus faire de travail scientifique si nous nous posions à chaque instant ces questions. Nous avons admis que nous pouvions dire oui au réductionnisme biologique parce que nous admettions comme philosophie des connaissances la philosophie du sens commun.

- E -

Un dernier point reste à préciser : c'est le plus délicat et le plus important de tous.

Il est évident que notre réductionnisme se refuse totalement à sortir du domaine de la science sans prétendre pour autant que les explications de celle-ci nous suffisent pour connaître le tout de l'univers. Le scientifique travaille sur une matière qui lui est fournie par la nature. Supposer qu'il voit comment cette matière, grâce à ses propriétés, a pu construire le monde ne lui permet aucune considération sur les "raisons d'être" de cette matière.

Nous savons qu'à côté des questions relatives à la nature du réel et à la philosophie des connaissances que nous venons d'évoquer sommairement, la métaphysique pose aussi des questions qui ne sont pas à la mesure de ce que prétend expliquer la biologie : pourquoi, dans l'immensité de l'espace, existe-t-il une matière qui, grâce à ses propriétés, a pu donner des hommes capables de se poser des questions sur leur avenir et sur leur destin... ; tout ceci appartient à un autre domaine de la pensée. Même si le réductionnisme scientifique démontre un jour que la pensée n'est qu'une propriété du cerveau - autrement dit, même si le réductionnisme devenait total au niveau des sciences - il laisserait encore en suspens ces problèmes que les hommes se poseront peut-être toujours.

Il faut même insister ici sur un point capital : ce serait une erreur de croire que le réductionnisme simplifie les problèmes posés à l'homme par le cosmos.

En effet, si nous disons qu'un organe de grande complexité peut être le produit de petites mutations, cela veut dire qu'il y avait, parmi les possibilités de ces petites mutations, la capacité d'aller du simple au complexe. Et si nous admettions - comme l'ont rêvé certains physiciens - qu'un jour viendra où toutes le lois du cosmos pourront se ramener à une seule, si nous admettions que, dans son immense complexité, la matière possède en puissance la possibilité de donner, dans une étape, la vie et, dans une autre étape, la pensée, il semble que nous n'aurions nullement simplifié le problème ontologique que nous pose cette substance qui compose l'univers et que nous appelons la "matière" ou "les particules".

Ce qui est étonnant, c'est que dans cet immense univers où il n'y avait, en théorie, aucune raison pour qu'il existât quelque chose, il existe justement une substance aussi étrange et aussi riche en possibilités. Pour notre part, nous pensons que le réductionnisme soulève plus de problèmes métaphysiques que ceux que se posaient les philosophes des civilisations antiques qui avaient imaginé un cosmos-chaos et des dieux organisant ce chaos.

Autrement dit, tout en prenant dans la première partie de ce texte une position rigoureusement réductionniste à tous les niveaux que peut explorer l'intelligence de l'homme, y compris au niveau de l'esprit humain lui-même, nous estimons qu'il y a une métaphysique qui a le droit de poser des questions sur le sens du cosmos et de l'existence de l'homme ; elle peut même réintroduire, mais en dehors de toute argumentation scientifique - nous insistons sur ce point -, une nouvelle forme de non-réductionnisme que le scientifique, en tant que tel, ne pourra jamais reconnaître sur la paillasse de son laboratoire.

On peut presque se demander ce qu'est ce réductionnisme qui retrouve dans les parties tout ce qu'il faut pour faire un tout et même plusieurs types de "tout". Nous en arrivons à nous demander si l'on ne pourrait pas se livrer ici à un jeu de mots en disant qu'être réductionnistes comme nous le sommes, ce serait justement ne pas l'être.

Dans l'introduction de ce texte, nous avons écrit qu'il y avait presque synonymie en science entre les termes "expliquer" et "réduire". Les limites que nous venons d'assigner au réductionnisme montrent que ce n'est pas parce que l'on a "expliqué" ou "réduit" que l'on a, pour autant, tout compris. La science nous apparaît comme une représentation du monde qui peut se satisfaire parfaitement elle-même. Elle représente une sorte de totalité où tous les phénomènes s'enchaînent et s'expliquent les uns par les autres. Mais avoir tout expliqué au niveau de la science ne signifie pas que l'on puisse passer des questions soulevées par la science à celles posées par la philosophie.

Alors, sommes-nous réductionnistes ? Si l'on veut dire par là que notre connaissance permet de réduire les phénomènes décrits par la science à d'autres phénomènes scientifiques connus : oui. Si l'on veut dire qu'être réductionniste c'est se croire capable de tout comprendre : alors, non, nous ne le sommes pas.

En somme, nous insistons sur le fait qu'il y a deux niveaux de réflexion : un niveau scientifique et un niveau philosophique. L'expression "niveau de réflexion" n'est, du reste, pas de nous : nous l'empruntons à notre ami Tintant dont elle représente l'une des idées les plus chères.

Collection
SCIENCE - HISTOIRE - PHILOSOPHIE
dirigée par Michel DELSOL

CAUSE, LOI, HASARD EN BIOLOGIE

Michel DELSOL

1985
Un volume 16,5 x 24,5
256 pages
126 F

Michel DELSOL
Docteur ès Sciences, Docteur en Philosophie,
Directeur à l'École Pratique des Hautes Études,
Professeur de Biologie générale à la
Faculté Catholique des Sciences de Lyon.

Préface de Pierre-Paul GRASSÉ,
Membre de l'Institut.

Postface de François DAGOGNET
Correspondant de l'Institut.

Librairie Philosophique J. VRIN
6, place de la Sorbonne
75005 PARIS

Institut Interdisciplinaire
d'Études Épistémologiques
25, rue du Plat 69002 LYON

REDUCTIONNISME ET HOLISME

A LA LUMIERE DE LA DYNAMIQUE QUALITATIVE

par

Hervé Le Guyader

Introduction

Les relations conflictuelles qu'entretiennent le réductionnisme et le holisme sont apparues avec l'émergence de l'esprit scientifique; pourtant, malgré son ancienneté, elles restent d'actualité.

L'hypothèse de base de ce texte est qu'il s'agit d'une part d'une question de définition de concepts, d'autre part de méthodologie.

L'un des fondements de la biologie, science pluridisciplinaire par essence, réside dans l'adoption et l'adaptation de concepts venant d'autres disciplines. En effet, l'histoire des sciences nous donne beaucoup d'exemples de transfert de concepts d'une discipline dite "dure" (mathématiques, physique) à la biologie.

Mais un tel transfert de concepts pose une double difficulté, l'une portant **sur** le discours, l'autre étant **interne** au discours. Sur le discours : il est souvent délicat de savoir si l'analogie réalisée entre deux sphères scientifiques est valable, et dans quelles limites. Dans le discours : il faut un cadre de réflexion tel qu'une logique interne puisse être parfaitement respectée.

Il est clair que, par rapport à ce dernier point, le langage mathématique est le plus approprié; et justement il semble que depuis quelque temps les mathématiques permettent, par la dynamique qualitative, de tenir un discours cohérent sur le réductionnisme et le holisme.

Il est donc intéressant de voir si on peut éclairer le problème biologique d'un jour nouveau.

1 - Position du Problème

Actuellement, l'explication scientifique est réduite à la recherche de relations "cause-effet". Si l'on prend le catalogue des "causes" au sens aristotélicien du terme (à savoir : causes matérielle, efficiente, formelle et finale), on est réduit à la seule cause efficiente. Il y a, en particulier, rejet total de la cause finale. Or on peut faire facilement le rapprochement suivant : rechercher une cause efficiente, c'est privilégier les propriétés **locales** d'un système. A l'inverse, rechercher une cause finale, c'est mettre l'accent sur les propriétés **globales** d'un système.

Ainsi, suivant une nouvelle formulation, rechercher les relations entre réductionnisme et holisme peut être ramené à rechercher les relations entre propriétés locales et globales d'un système.

Il est bien évident - et c'est peut-être le plus grand paradoxe - qu'une telle démarche en vue de cerner une telle problématique fait preuve d'un réductionnisme méthodologique. Mais c'est sans doute le prix à payer pour pouvoir atteindre une certaine universalité dans l'étude.

1.1. Le réductionnisme

La démarche réductionniste peut être définie comme étant strictement analytique, visant la recherche systématique "d'éléments matériels" efficaces et localisés. Elle sous-tend une volonté d'action sur le système, et tend vers la découverte de relations cause-effet déterministes.

Des exemples du succès d'une telle démarche peuvent être trouvés dans les domaines des régulations physiologiques (régulation du rythme cardiaque, du comportement de faim), de l'embryogenèse (inducteurs et répresseurs génomiques), de la génétique, etc...

Les limites du réductionnisme sont principalement à rechercher, en biologie, dans deux directions : tout d'abord, qu'en est-il du sens et de la signification de molécules organiques, par exemple ? Si le réductionniste peut décrire une chaîne de réactions cause-effet, il restera muet devant la richesse du sens qui en émerge. D'autre part, qu'en est-il du problème de l'intégration ? Connaître les propriétés d'éléments isolés ne déborde pas automatiquement sur la compréhension de leur synergie.

1.2. Le holisme

Ne serait-ce pas un nouveau terme , emprunté à l'anglais, qui tenterait d'approcher d'une autre manière le concept de "cause finale" ?
En biologie, le holisme apparaît à chaque fois que l'on utilise - ou que l'on pourrait utiliser - la périphrase "tout se passe comme si...". La biologie foisonne d'exemples se référant à une hypothétique cause finale : comportements particuliers, parasitisme, convergence évolutive, embryogenèse, mimétisme ....

1.3. Le holisme est-il nécessaire ?

La démarche scientifique actuelle a tendance à considérer que la recherche d'une cause finale relève quasiment d'un comportement pré-scientifique, presque d'ordre magique, qu'il faut absolument combattre, et qui peut, en tout état de cause, être remplacé à chaque fois par une recherche de cause efficiente.

Le postulat du réductionnisme est que les éléments constitutifs d'un système sont définissables par quelques caractères stables acces-sibles de manière expérimentale et déterminant leur comportement quel que soit leur environnement. En corollaire, chaque élément peut être étudié isolément, dans un environnement simplifié, sans que l'étude perde de sa pertinence .

Ceci est peut-être un peu caricatural, mais cette vision des choses permet de mieux cerner diverses situations dans lesquelles la démarche holiste semble indispensable.

La "reconstruction" d'un système à partir de ses éléments isolés est rarement possible. On peut néanmoins citer des cas d'auto-assem-blages (virus, ribosomes...). Mais ils paraissent bien isolés. Il existe souvent des niveaux d'observation où la description est très simple, alors qu'elle devient complexe si le niveau inférieur intervient (cellules et organites cytoplasmiques, mitochondrie et chaîne respiratoire, etc...).

Enfin certains phénomènes, à un niveau donné, semblent indépen-dants du substrat sur lequel ils apparaissent. C'est la base de la théorie des catastrophes (Thom, 1970, 1972, 1974), qui postule que dans bien des cas une étude devrait être limitée aux propriétés globales du système.

Pour préciser la réflexion, nous avons dit en introduction que la recherche d'un cadre conceptuel solide paraît nécessaire. Quelques notions de dynamique qualitative permettront de préciser cette donnée.

2 - L'intérêt de la dynamique qualitative

L'intérêt de la dynamique qualitative apparaît immédiatement dès que l'on fait le catalogue des critères permettant de déterminer quand on doit affronter un phénomène relevant d'une possible finalité.

2.1. Quand une situation relève-t-elle d'une finalité?

Suivant Delattre (1972), trois points sont essentiels :

" a) L'objet (ou le système) considéré tend vers un état bien déter-
" miné quel que soit, dans une large mesure, le chemin emprunté pour
" y parvenir. L'état (ou les états) futur(s) semble(nt) ainsi conditionner
" l'ensemble des changements, de manière telle que l'objet atteigne
" finalement cet état, ou ces états.
" b) Lorsque varient, dans certains limites, les conditions qui déter-
" minent la causalité locale en chaque point du chemin emprunté, le
" système se comporte de façon à préserver certaines de ses caractéris-
" tiques "essentielles". (...)

" c) Notre connaissance du système ne nous permet pas de reconsti-
" tuer les comportements précédents en ne faisant appel qu'à des
" relations causales, à des enchaînements déterministes, entre les
" parties constitutives telles que nous savons les décrire." (1)

Les points (a) et (b) ci-dessus évoquent immédiatement des propriétés classiques de systèmes non-linéaires. Afin de les mettre en évidence, nous allons rappeler quelques notions sur les systèmes dynamiques.

2.2. Systèmes dynamiques : quelques rappels

Suivant Rosen (1970), la définition d'un système dynamique nécessite

. un n-espace euclidien E_n appelé espace d'états ou de phases

. un ensemble de n fonctions réelles $\left[f_1, \ldots, f_n \right]$ définies sur $\mathbb{R}$

. un ensemble d'équations simultanées du premier ordre

$$\begin{cases} \dfrac{d\, x_1}{d\, t} = f_1\ (x_1, \ldots, x_n) \\[2mm] \dfrac{d\, x_n}{d\, t} = f_n\ (x_1, \ldots, x_n) \end{cases}$$

$x_1, \ldots, x_n$ étant les variables d'état. (2)

Ces équations sont les équations du mouvement, et n la dimension de l'espace d'états.

Donnons deux exemples célèbres :
. lors de l'établissement de sa théorie de la morphogenèse chimique, Turing (1952) a proposé les équations suivantes pour suivre les concentrations des morphogènes x et y en fonction du temps :

$$\begin{cases} \dfrac{d\, x}{d\, t} = 5x - 6y + 1 \\[2mm] \dfrac{d\, y}{d\, t} = 6x - 7y + 1 \end{cases}$$

. Volterra, lors de son étude mathématique des interactions écologiques prédateur (y) / proie (x) a proposé les équations suivantes (2) :

$$\begin{cases} \dfrac{d\, x}{d\, t} = ax - bxy \\[2mm] \dfrac{d\, y}{d\, t} = cxy - dy \end{cases}$$

Lorsque tous les monômes des seconds membres des équations sont du premier degré, le système est dit linéaire. Dans le cas inverse, le système est non-linéaire.

(1) Delattre (1972) : p. 549
(2) Rosen (1970) : p. 5

2.3. Notion d'attracteur et dynamique qualitative

Lorsqu'on étudie un système dynamique, on recherche tout d'abord les états stationnaires. Ce sont les points de l'espace de phases qui répondent à la caractéristique suivante :

$$\frac{d\,x_1}{d\,t} = \cdots\cdots = \frac{d\,x_n}{d\,t} = 0$$

Les vitesses sont nulles, donc les divers x_i ne varient pas : l'état est bien stationnaire.

Si le système est linéaire, il n'y a qu'un point stationnaire.

Si le système est non-linéaire, il y a plusieurs points stationnaires dont le nombre maximal N est déterminé par le théorème de Bezout généralisé : quand il est fini, il est égal au produit des degrés des divers seconds membres f j. Ainsi, si dj est le degré de f j, on a :

$$N = \prod_{j=1}^{n} dj$$

Mais ces états stationnaires peuvent être stables ou instables. Ainsi, sur la figure I, il y a quatre points stationnaires, deux stables (A et B), deux instables (C et D).

Un point stationnaire est stable quand les trajectoires du système sont telles, dans l'espace d'états, que le point représentatif du système revient sur le point stationnaire malgré une légère perturbation du système. Dans le cas contraire, le point est instable.

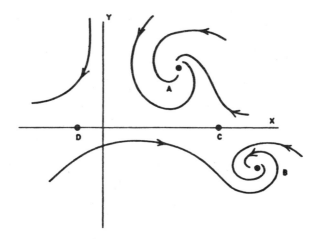

Figure 1 : Espace de phases à 2 dimensions avec 4 points stationnaires : deux instables (C et D), deux stables (A et B).

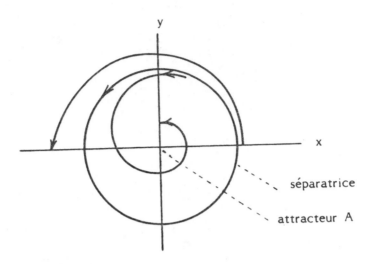

Figure 2 : Bassin d'un attracteur. A l'intérieur de la séparatrice, la trajectoire tend vers le point stationnaire A; à l'extérieur, elle s'en éloigne.

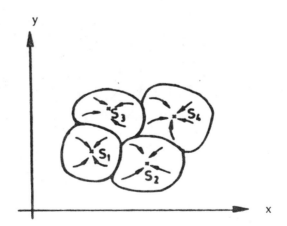

Figure 3 : Schéma d'une topologie d'un espace de phases avec 4 bassins attracteurs.

Intéressons-nous à un point stationnaire stable. On l'appelle également **attracteur,** car on peut délimiter une partie de l'espace d'états telle que toute trajectoire représentant l'évolution du système au cours du temps tend inexorablement vers lui (figure 2). Cette partie de l'espace est appelée "bassin de l'attracteur", et est délimitée par une "séparatrice". L'image d'une cuvette dans laquelle se déplace une bille est bonne.

Comme les systèmes dynamiques non-linéaires sont très difficiles à étudier de manière analytique, on les caractérise par leurs propriétés qualitatives. Ainsi définir l'ensemble des attracteurs (points stationnaires stables) et leurs bassins associés permet de découper l'espace de phases en autant de domaines à l'intérieur desquels la trajectoire du système est prédictible (figure 3).

La topologie ainsi décrite de cet état correspond à l'ensemble des **propriétés potentielles** du système.

La trajectoire particulière à l'intérieur de cet espace correspond à **l'actualisation** du système.

Mais la topologie de cet espace peut se déformer par variation des coefficients des x_i dans les équations. C'est ainsi que, dans un tel cas, on a deux dynamiques emboitées : l'une correspond à la trajectoire à l'intérieur du bassin, l'autre à la déformation de ces bassins.

Delattre (1983) a fait la liste exhaustive de tous les cas pouvant être rencontrés. La dynamique des catastrophes (Thom, 1974) accepte généralement la convention de Maxwell, c'est-à-dire que la dynamique à l'intérieur du bassin attracteur est très rapide en comparaison de celle de la déformation des bassins.

Maintenant si l'on reprend les deux points (a) et (b) du paragraphe 2.1. définissant les situations relevant d'une finalité, on remarque que le parallèle avec la dynamique qualitative est immédiat.

Le point (a) décrit le comportement d'un système dont la trajectoire débute toujours dans le même bassin attracteur.

Le point (b) concerne un système qui subit des perturbations telles que le point représentatif du système ne franchisse pas la séparatrice, et donc que la trajectoire revienne sur le point attracteur.

3 - Redéfinition du Holisme et du Réductionnisme

Remarquons tout d'abord que de tels systèmes dynamiques sont intéressants pour modéliser de nombreux phénomènes biologiques (Brière, 1982, par exemple).

On peut donc faire le parallèle entre une telle démarche d'inspiration mathématique et une réflexion tentant d'allier réductionnisme et holisme.

Lors de l'étude d'un système dynamique, le holisme correspond à :
. la recherche des attracteurs,
. la description de la topologie de l'espace d'états, c'est-à-dire la recherche des bassins des attracteurs,
. l'étude de la déformation de cet espace.

On définit donc les propriétés globales du système.

Le réductionnisme strict, lui, ramènerait l'étude au seul niveau des variables x_i, de leur rôle, de leur couplage.

Dans une telle étude, on peut dire que les difficultés sont de deux ordres :

α) Repérer les variables x_i; en faire la liste exhaustive.

Connaître leurs couplages, ce que l'on peut faire en étudiant des sous-systèmes dans un environnement simplifié.

β) Repérer l'ensemble des attracteurs.

La démarche (α), si elle est faite complètement, mène à l'écriture des équations du mouvement du système. Il est bien clair que l'on peut alors calculer les attracteurs ... On passe donc alors du réductionnisme au holisme.

La démarche (β) permet, connaissant la topologie de l'espace d'états, de connaître le nombre de variables et paramètres du système. Il permet d'envisager la recherche d'une algèbre générant un tel espace. On passe alors de l'holisme au réductionnisme.

Ainsi une démarche ne paraît pas être supérieure à l'autre.

Pourtant, en biologie, le cas le plus général est le suivant : les démarches (α) et (β) isolément donnent quelques informations. N'aurait-on pas intérêt alors à les mener simultanément ? En d'autres termes, ne sont-elles pas complémentaires ?

Conclusion

Il est impossible de pousser plus avant l'intérêt que ce genre de discussion peut avoir en biologie. Nous renvoyons le lecteur aux travaux de Thom (1974, 1983).

Quelques points forts peuvent néanmoins être dégagés.

1 - Une telle démarche montre qu'il est actuellement impossible d'étudier exclusivement un seul niveau d'organisation. Malheureusement, alors que les études théoriques qui le montrent sont de plus en plus nombreuses, tout se fait actuellement en privilégiant un niveau, celui de la biochimie, qui est considéré comme "fondamental".

2 - Néanmoins le problème métaphysique reste entier. Ce n'est pas parce que bon nombre de phénomènes biologiques peuvent relever de la dynamique qualitative que tout est résolu. En effet, on a que trop tendance à confondre finalité et intentionnalité.

Or le problème de la conscience en biologie rejoint ce dernier concept. En étudiant la finalité par le jeu de la dynamique qualitative, on emploie (comme il l'a déjà été souligné en introduction) un réductionnisme méthodologique.

Mais peut-être que voici une nouvelle base d'approche qui permette de reconsidérer le problème philosophique. Ce n'est pas pour rien que Thom (1979), à partir de la théorie des catastrophes, rejoint l'étude du langage et du sens.

REFERENCES

BRIERE (Ch.) - 1982 - Analyse quantitative et modélisation du développement du **protonema** des Bryales; mémorisation de l'activité apicale et ramification. Thèse de Doctorat d'Etat, Toulouse.

DELATTRE (P.) - 1972 - La théorie des systèmes : quelques questions philosophiques. **Encyclopaedia Universalis,** vol. 15.

DELATTRE (P.) - 1983 - Considérations sur les effets non monotones aux faibles intensités de rayonnement, le problème de l'extrapolation des doses entre fortes et faibles intensités et le problème des seuils. **Biological effects of low-level radiation.** International Agency, Vienne.

ROSEN (R.) - 197 - **Dynamical system theory in biology,** Vol.1, Wiley, New York.

THOM (R.) - 1970 - **Topological models in biology. Towards a theoretical biology,** 3, drafts. C.H.Waddington ed., Edinburgh University Press.

THOM (R.) - 1972 - **Stabilité structurelle et morphogenèse.** W.A.Benjamin Inc., USA.

THOM (R.) 1974 - **Modèles mathématiques de la morphogenèse.** Union Générale d'Edition, collection 10/18, Paris.

THOM (R.) - 1979 - Théories des catastrophes en biologie : plaidoyer pour une biologie théorique. **Dat kongelige Danske Videskabernes Selskab Biologiske Skrifter, 22,** 7.

THOM (R.) - 1983 - **Paraboles et Catastrophes.** Flammarion, Paris.

TURING (A.M.) - 1952 - The chemical basis of morphogenesis. **Phil. Trans. R. Soc.London, B, 237,** 37-72.

Collection
SCIENCE - HISTOIRE - PHILOSOPHIE
dirigée par Michel DELSOL

DARWIN, MARX, ENGELS, LYSSENKO ET LES AUTRES

Régis LADOUS

1984
Un volume 16,5 x 24,5
148 pages
78 F

Régis LADOUS
Docteur ès Lettres,
Maître de Conférences à l'Université
Jean Moulin (Lyon III).

Librairie Philosophique J. VRIN
6, place de la Sorbonne
75005 PARIS

Institut Interdisciplinaire
d'Études Épistémologiques
25, rue du Plat 69002 LYON

TRANSFORMISME ET REDUCTIONNISME

par

Goulven Laurent

Si nous prenons le mot Réductionnisme dans le sens proposé par les organisateurs de ce Colloque : "des réalités...multiples et complexes... sont ramenées à l'une de leurs composantes plus simples, plus élémentaires et d'un niveau moins élaboré" - il nous semble que le Transformisme, qui rapproche le supérieur de l'inférieur **par la descendance** - en particulier l'homme de l'animal - peut constituer un objet de réflexion pour ce Colloque.

Pour être plus précis, et en même temps pour concrétiser le débat, je me propose de **réduire** - si je puis dire, car c'est encore une autre forme de réduction ! - de réduire le débat au cas que je connais le mieux : le Transformisme de Lamarck. Je suis persuadé, du reste, que les caractères qui marquent cette doctrine chez son Fondateur, c'est-à-dire à l'état naissant, se retrouvent ensuite dans les autres formes plus élaborées, par exemple le Darwinisme ou la Théorie Synthétique - mais ceci peut, évidemment, comme tout le reste d'ailleurs, être objet de débat.

Transformisme et réductionnisme chez Lamarck

Nous n'allons pas discuter de savoir si Lamarck est vraiment le premier qui ait parlé de Transformisme, c'est-à-dire de la transformation des espèces les unes dans les autres. Il y a eu bien sûr avant lui Maupertuis, de Maillet, Diderot, Erasme Darwin, etc. Cette recherche présente assez peu d'intérêt, dans la mesure où c'est bien Lamarck qui a été le premier à présenter une doctrine transformiste cohérente et basée sur des faits, c'est-à-dire une doctrine de caractère scientifique, dans les années 1800 à 1820.

Voyons alors comment ce savant a raisonné pour arriver au résultat apparemment nouveau, et, au bout de quelques décennies, intellectuellement satisfaisant, d'explication du monde vivant par la descendance des êtres les plus perfectionnés à partir des êtres les plus simples.

On part toujours évidemment, pour opérer une découverte, d'un schéma mental déjà fourni par un autre système de pensée, lequel peut plonger ses racines très loin dans le passé. Sans remonter au Déluge, je veux dire ni à Aristote, ni même à John Ray, il nous suffit de citer trois grands naturalistes du XVIIIème siècle (mais il y en a eu d'autres), qui, à notre sens, ont formé l'esprit de Lamarck, et lui ont fourni les bases pour se projeter - pour nous projeter - plus loin. Les trois noms que je retiens sont ceux de Linné, Charles Bonnet et Buffon.

Le premier nom est Linné (1707-1778). Nous savons tous le grand progrès qu'il a réalisé et qu'il a permis en Histoire Naturelle par sa classification binominale. Grâce à cette méthode, le savant et le philosophe dominent mieux le monde animé. Ils en prennent une vue synthétique plus ordonnée et plus claire, même s'il reste des domaines - celui des Insectes et des Vers, par exemple - où règne, selon le mot de Cuvier, le "chaos" ou un affreux "ramas", comme il dira encore, de sujets mal connus et mal déterminés. Par le fait d'une classification cohérente et serrée, les espèces sont réunies dans des genres, ceux-ci dans des ordres, et ainsi de suite. L'unification du monde animal est en route, et l'on sait en particulier les condamnations ecclésiastiques dont Linné fut l'objet, parce qu'il osait rapprocher - réductionnisme déjà ! - l'Homme et les Singes à l'intérieur de l'Ordre des Primates.

Le second nom est celui de Charles Bonnet (1720-1793). Reprenant une vieille idée, il donne consistance à l'établissement d'une distribution des êtres vivants en ligne continue, répandue sous le nom d'échelle linéaire des êtres. Ce concept d'échelle des êtres a connu, grâce à lui, un succès remarquable : elle était simple, et, il faut le reconnaître, elle était, et elle reste, séduisante. Bien sûr Lamarck se défendra de soutenir cette idée, et tous les naturalistes, de Cuvier à Darwin, et jusqu'à aujourd'hui, la condamnent, sans d'ailleurs tout à fait convaincre, car l'idée qui est à la base de cette représentation d'échelle des êtres, qui est celle qui consiste à comparer des êtres moins "parfaits" à des êtres plus "parfaits", colle à la peau de tous les naturalistes. Jamais on ne se défera véritablement de l'idée qu'un lion est supérieur à un lombric, et qu'il y a donc bien une échelle progressive dans la distribution animale, aussi véhémentement qu'on se défende par ailleurs de cette contamination. Lamarck qui, nous l'avons dit, refusait l'échelle linéaire de Bonnet, classait cependant les êtres en masses progressives selon le degré de leur complication organique et du développement de leur psychisme.

J'en viens enfin à Buffon (1707-1788). Buffon, ne l'oublions pas, a été le maître et le protecteur de Lamarck. Il n'est donc pas étonnant que celui-ci ait profité des idées et des leçons du grand naturaliste du Jardin des Plantes.

Buffon, on le sait, était opposé au système de classification de Linné, quoiqu'il ait dû, plus ou moins ouvertement, en admettre la nécessité. Mais il a au moins apporté deux éléments dont on reconnaîtra la paternité dans le système de Lamarck. D'abord, Buffon avait montré, dans le fameux passage sur l'Ane, comment les rapprochements opérés par Linné dans sa classification, aboutiraient (aboutissaient de fait) à réduire l'ensemble des espèces d'une famille à une seule qui en serait la forme d'origine (1). Buffon rejette (la question a pu se poser de la sincérité de cette condamnation) cette classification, à cause de cette conclusion, mais la voie était indiquée, même si Buffon faisait mine de refuser de s'y engager. D'autre part Buffon faisait envisager le cas d'une "dégénération", c'est-à-dire en fait d'un changement de genre, des animaux du Nouveau Monde par rapport à ceux de l'Ancien.

Nous voici maintenant face à Lamarck, à la veille de ce que nous appellerons sa "découverte" du Transformisme. Nous avons choisi ces trois concepts et ces trois auteurs parce qu'ils nous semblent avoir fourni à Lamarck les concepts fondamentaux qui l'aideront à passer à un autre système de pensée, et dont nous avons déjà vu combien ils étaient réductionnistes : réduction à un seul ensemble, réduction à une seule série, réduction à une origine commune, ne fût-elle que partielle à certains groupes. Comme nous l'avons expliqué, nous n'avons pas essayé de plonger dans le passé plus lointain de chacun de ces concepts. Nous ne les avons considérés que sur la dernière marche avant le pas que Lamarck fera plus avant - ou dans une autre direction.

Lamarck est nommé Professeur au Muséum en 1793. On lui met sur les bras le monde immense des être inférieurs - qui représentent les 9/10 du monde animal - les Insectes et les Vers, que Linné n'avait pas su distinguer autrement - rappelons-nous les termes de Cuvier ("chaos", "ramas"). Lamarck est encore fixiste à ce moment. Il a réalisé une belle **Flore Française**, mais il n'en a rien tiré apparemment pour une nouvelle explication de la Vie dans son déroulement historique.

En l'espace de sept ans - de 1793 à 1800 (1800 étant la date de sa première affirmation publique du Transformisme) - Lamarck réalise un travail énorme de mise en ordre de ce sous-règne auquel il donne le nom (qui lui est resté depuis) d'**Invertébrés** - mise en ordre qui, comme nous l'avons vu, manquait, et qui était nécessaire. Quand on parle de Lamarck comme d'un rêveur décroché du réel, nous voyons que ce sont plutôt ses censeurs ignorants qui manquent à la réalité. Cette classification est immédiatement saluée par les zoologistes de l'époque comme de très grande valeur, et s'impose rapidement comme la "seule scientifique" selon le mot d'un naturaliste anglais. Du reste, les classificateurs actuels la suivent encore aujourd'hui, preuve supplémentaire de la solidité zoologique de son auteur - mais je fais de l'histoire et non de l'hagiographie...

La série générale des êtres se laisse ainsi distribuer en "masses", qui constituent les "classes et les grandes familles" (2). Ces "coupes" ne rompent cependant pas la "véritable chaîne" (3) que forment d'une part les animaux, et d'autre part les végétaux. Lamarck reste en effet partisan de l'échelle des êtres ; s'il reconnaît qu'il n'est pas possible de mettre les espèces en série progressive, cependant, au niveau des classes, la série est "bien assurément existante" (4). Grâce à ce principe,

(1) **Hist. Nat. générale et particulière**, t. 4, 1753, p. 382.
(2) Disc. ouvert. an X, **Bullet. Scientif. France Belgique**, t. 40, 1906, p. 506.
(3) **Ibid**, p. 489.
(4) Disc. ouvert. an VIII, **Ibid**, p. 467.

Lamarck opère une **distribution** des masses, qu'il distingue de la **classification**, mais qui n'en est cependant qu'un degré plus général. Le règne animal est distribué en 11 classes, dont 7 pour les Invertébrés, "disposées dans un ordre relatif à la simplification" (1).

Lamarck commence donc par proposer l'étude du monde animal comme on le faisait traditionnellement, c'est-à-dire en considérant d'abord les êtres les plus connus, ceux qui étaient les plus proches de l'Homme, ou encore ceux qui étaient considérés comme les plus parfaits. De ceux-là, il passait ensuite aux êtres de moins en moins parfaits, pour finir par les êtres vraiment inférieurs.

Mais au bout de quelques années, Lamarck entreprend de renverser cette présentation, et de commencer par les êtres inférieurs, pour remonter jusqu'aux animaux supérieurs : "depuis la monade qui, pour ainsi dire, n'est qu'un point animé jusqu'aux animaux à mamelles, et parmi eux jusqu'à l'homme, il y a évidemment une gradation nuancée dans la composition de l'organisation de tous les animaux" (2). "Remontez du plus simple au plus composé, conseille encore Lamarck, partez de l'animal le plus imparfait, et élevez-vous le long de l'échelle jusqu'à l'animal le plus riche en organisation et en facultés..."(3). Partir du plus simple est en effet une autre manière de comprendre la série animale ; partir du plus connu n'était peut-être pas la meilleure méthode, si le plus connu est le plus difficile à comprendre et à expliquer, en raison de sa complexité. Commencer par le plus bas degré est en ce cas une méthode plus conforme à l'enrichissement de la connaissance (4). Cette démarche permet de comprendre le supérieur en partant de l'inférieur, et non l'inverse. On pouvait cependant s'en tenir là, et le réductionnisme en aurait pu être facilement évacué, car une telle approche ne tient pas lieu nécessairement d'explication exhaustive : les naturalistes, comme le constatait Lamarck, ne virent d'abord dans cette distribution qu'un ordre fondé sur des rapports de ressemblances entre les objets d'Histoire Naturelle.

Mais - et c'est ici l'avancée définitive de Lamarck, comme il le marque clairement lui-même : "un pas de plus restait...à faire : c'était
" le plus important, celui même qui pouvait le plus nous éclairer sur les
" opérations de la nature. Il s'agissait seulement de reconnaître que les
" portions de la série générale que forment les objets convenablement
" rapprochés par leurs rapports, ne sont elles-mêmes que des portions
" de l'**ordre de formation** (souligné par l'auteur) à l'égard de ces objets.
" Ce pas est franchi ; l'ordre de la formation successive des différents
" animaux ne saurait être maintenant contesté ; il faudra bien qu'on le
" reconnaisse" (5).

D'une lecture horizontale de distribution des animaux, nous sommes

(1) **Ibid.**, p. 476.
(2) Disc. ouvert. an VIII, **Ibid.**, p. 466.
(3) Disc. ouvert. an X, **Ibid.**, p. 500.
(4) cf. **Histoire Naturelle des Animaux sans Vertèbres**, t. 1, 1815, pp. 453-454.
(5) **Ibid.**, p. 454.

passés à une lecture verticale de leur descendance, à "la marche qu'a suivie la nature dans la formation de toutes ses productions vivantes" (1), ou encore, affirme Lamarck, l'on tient là "le véritable fil qui lie toutes les productions de la nature", à savoir "que les plus simples de ses productions vivantes ont successivement donné l'existence à toutes les autres" (2). On découvre ainsi la **méthode naturelle** si longtemps recherchée, qui, écrit encore Lamarck, "n'est que l'esquisse tracée par l'homme de la marche que suit la nature pour faire exister ses productions" (3). "Ce principe est exactement celui qui inspire la systématique moderne, dite génétique ou évolutive", confirme l'un de nos plus grands zoologistes actuels, récemment disparu, Pierre-Paul Grassé (4).

Tout se ramène (**se réduit !**) donc à la "marche de la Nature" dans l'apparition successive des êtres vivants. C'est par degrés que les espèces passent les unes dans les autres, les êtres inférieurs dans les êtres supérieurs.

Cette "transmutation" s'explique par les forces et les lois de la Nature. Lamarck explique l'apparition d'êtres nouveaux par deux mécanismes. Tout d'abord, l'action de ce qu'il appelle des **fluides,** et que nous appellerions aujourd'hui des forces ou des courants : ainsi le fluide électrique, et surtout le **fluide calorique,** ou plus simplement l'action de la **chaleur,** dont nous savons effectivement qu'elle a une très grande influence dans les phénomènes vitaux. Ce fluide calorique, en traversant la matière inorganisée, se crée des passages qui se hiérarchisent progressivement en canaux ou en conduits, et organisent petit à petit les structures organiques. C'est une explication qui est pauvre physiologiquement, bien qu'il faille reconnaître que, souvent, en Histoire Naturelle, on rencontre des sortes de "boîtes noires", à l'intérieur desquelles se passent des phénomènes dont on peut seulement tenir le fil d'arrivée et le fil de départ, sans pouvoir autrement préciser ce qui se passe à l'intérieur que par quelque empaquetage verbal, provisoire sans doute (du moins on l'espère), mais de toute façon incomplet, et, par conséquent insatisfaisant (réducteur ?...).

L'autre facteur de changement est encore plus "matériel", et il est connu : c'est l'influence des circonstances. Lamarck a beaucoup insisté sur ce point. Dans ses études de fossiles - on oublie encore trop fréquemment à propos de ce savant qu'il est le Fondateur de la Paléontologie des Invertébrés, comme Cuvier l'est de la Paléontologie des Vertébrés - il affirme fréquemment, en présence de deux espèces successives "analogues", c'est-à-dire ressemblantes, que ces deux espèces ne sont, en fait, que la même espèce changée "par le temps et les circonstances". Que Lamarck ait en plus intégré dans son système d'explication l'hérédité des caractères acquis est tout à fait normal, puisque c'était une idée commune à cette époque.

(1) Disc. ouvert. an X, **Bullet. Scientif. France Belgique,** t. 40, 1906, p. 509.
(2) **Ibid.,** p. 500.
(3) Disc. ouvert. de 1806, **Ibid.,** p. 552.
(4) **Inédits de Lamarck,** Édit. Vachon, 1972, Postface, p. 291.

Ainsi Lamarck est bien **matérialiste** dans ses explications de la transformation des êtres les uns dans les autres, des êtres inférieurs dans les êtres supérieurs. Et il l'est par les deux bouts, si l'on peut dire, puisqu'il l'est, d'une part, pour l'apparition de la vie, et d'autre part pour l'apparition de l'homme. En effet, il soutient expressément l'existence de la génération spontanée, c'est-à-dire l'apparition de la vie à partir de la matière brute, la matière gélatineuse pour les animaux, la matière mucilagineuse pour les plantes. Aucun souffle vital, aucun vitalisme suspect, par conséquent, chez le Fondateur du Transformisme. Tout s'enracine dans la matière et les forces (ou fluides) de la Nature. Sur ce point, comme l'écrit Darwin à son propos dans son Introduction historique à **l'Origine des Espèces**, - et on peut lui faire confiance quand il se résigne à trouver quelque qualité à son grand devancier - Lamarck fut le premier qui "rendit à la science l'éminent service de déclarer que tout changement dans le monde organique, aussi bien que dans le monde inorganique, est le résultat d'une loi, et non d'une intervention miraculeuse" (1). Sans doute Lamarck place-t-il le Créateur au début de la matière et à l'origine des lois, mais ensuite tout fonctionne tout seul, comme le système du cosmos fonctionnait tout seul (ou presque...) dans le système de Newton, et surtout dans celui de Laplace.

Et Lamarck étend cette action des lois, en même temps que la descendance générale et continue des êtres vivants, à l'autre bout de la chaîne, c'est-à-dire à l'Homme. Son texte sur l'origine de l'homme est malheureusement trop méconnu pour que je puisse me dispenser d'en citer quelques extraits.

" Si l'homme n'étoit distingué des animaux que relativement à son
" organisation, il seroit aisé de montrer que les caractères d'organisation
" dont on se sert pour en former, avec ses variétés, une famille à part,
" sont tous le produit d'anciens changemens dans ses actions, et des
" habitudes qu'il a prises et qui sont devenues particulières aux individus
" de son espèce.

" Effectivement, si une race quelconque de **quadrumanes**, surtout
" la plus perfectionnée d'entre elles, perdoit, par la nécessité des
" circonstances, ou par quelque autre cause, l'habitude de grimper sur
" les arbres et d'en empoigner les branches avec les pieds, comme avec
" les mains, pour s'y accrocher ; et si les individus de cette race,
" pendant une suite de générations, étoient forcés de ne se servir de
" leurs pieds que pour marcher, et cessoient d'employer leurs mains
" comme des pieds ; il n'est pas douteux, d'après les observations
" exposées dans le chapitre précédent, que ces quadrumanes ne fussent
" à la fin transformés en **bimanes**, et que les pouces de leurs pieds ne
" cessassent d'être écartés des doigts, ces pieds ne leur servant plus
" qu'à marcher.

" En outre, si les individus dont je parle, mus par le besoin de
" dominer, et de voir à la fois au loin et au large, s'efforçoient de se
" tenir debout, et en prenoient constamment l'habitude de génération en
" génération ; il n'est pas douteux encore que leurs pieds ne prissent

(1) **L'Origine des Espèces**, traduct. Barbier, 1896, p. XII.

" insensiblement une conformation propre à les tenir dans une attitude
" redressée, que leurs jambes n'acquissent des mollets, et que ces animaux
" ne pussent alors marcher que péniblement sur les pieds et les mains à
" la fois.

" Enfin, si ces mêmes individus cessoient d'employer leurs
" mâchoires comme des armes pour mordre, déchirer ou saisir, ou
" comme des tenailles pour couper l'herbe et s'en nourrir, et qu'ils ne
" les fissent servir qu'à la mastication ; il n'est pas douteux encore que
" leur angle facial ne devînt plus ouvert, que leur museau ne se
" raccourcît de plus en plus, et qu'à la fin étant entièrement effacé,
" ils n'eussent leurs dents incisives verticales...

" Ainsi, la race de **quadrumanes** la plus perfectionnée aura pu
" devenir dominante ; changer ses habitudes par suite de l'empire absolu
" qu'elle aura pris sur les autres et de ses nouveaux besoins ; en ac-
" quérir progressivement des modifications dans son organisation et des
" facultés nouvelles et nombreuses ; borner les plus perfectionnées des
" autres races à l'état où elles sont parvenues ; et amener entre elles
" et ces dernières des distinctions très remarquables...

" Telles seroient les réflexions que l'on pourroit faire si l'homme,
" considéré ici comme la race prééminente en question, n'étoit distingué
" des animaux que par les caractères de son organisation et si son
" origine n'étoit pas différente de la leur" (1).

On a pu admirer la finale, qui n'enlève rien à ce. qui a été dit
auparavant. Sous Napoléon Ier, il était en effet prudent de ne pas trop
bousculer les idées reçues, surtout en matière de philosophie de l'Homme.

Lamarck n'était sans doute pas le seul matérialiste de l'époque, il
s'en faut de beaucoup. Il faut cependant admettre qu'il est le premier
à proposer, non seulement une doctrine transformiste, mais même une
doctrine transformiste matérialiste, c'est-à-dire dans ce cas réductionniste. La vie est expliquée par les mouvements de la matière, mise
en mouvement par les fluides, opérant selon des lois fixes, bien
qu'échappant parfois à une définition précise ; et l'esprit, ou les idées,
sont expliqués aussi à partir des organes, qui les produisent en se
développant ou en s'adaptant à de nouvelles conditions ou à de nouveaux
milieux.

Réduire la pensée à l'organe, et la vie à la matière, a été une
donnée constante de beaucoup de philosophies naturalistes. Mais Lamarck
a inauguré une voie nouvelle, appelée à un immense développement une
trentaine d'années après sa mort. Nous sommes ici bien sûr loin de
Cuvier, qui, étant fixiste, n'avait pas les mêmes problèmes d'explication
de la vie ni de l'apparition des êtres, en particulier l'apparition de
l'Homme : il lui suffisait en effet de faire appel à l'intervention directe
de Dieu pour tout expliquer.

Le Transformisme, théorie scientifique, et, par conséquent, réductionniste par définition ; le Transformisme, théorie matérialiste aussi,

---

(1) **Philosophie zoologique**, t. 1, 1809, p. 349 et sv.

par conséquent, et pour les mêmes raisons incontournables. Théorie suspecte, par conséquent aussi, aux tenants d'une vision spiritualiste de la Création, et en particulier de l'Homme. Théorie qui a été condamnée, sinon par l'Eglise **ex professo**, mais du moins par un certain nombre de conciles locaux.

Cependant, après une période de suspicion et de condamnations, le Transformisme a gagné la confiance d'une grande quantité de croyants, en particulier sous l'influence du Père Teilhard de Chardin. Il a fallu alors ouvrir la doctrine à une perspective spiritualiste, c'est-à-dire éliminer le réductionnisme qui faisait tout sortir en définitive de la Matière, par un déroulement continu et en quelque sorte inéluctable.

L'effort fait en ce sens montre bien que la théorie du Transformisme - ou de l'Evolution - a été trop loin dans son réductionnisme, ou que plutôt, il a franchi la frontière qui la séparait d'un domaine qui n'était pas le sien : celui de la méta-physique.

Certains ont alors entrepris d'injecter une nouvelle notion dans le processus réductionniste imaginé par Lamarck et accrédité depuis par ses successeurs darwiniens. Se basant sur le fait des "progrès" (décidément on ne peut y échapper !) réalisés à chaque étape de la "montée de la Vie", ou de la "marche de la Nature", pour parler comme Lamarck, les naturalistes ont été amenés à introduire le concept d' **"émergence"** dans l'apparition puis la montée progressive des vivants, concept répondant à la complexification enregistrée dans la structure organique.

Du coup, le même processus organique peut se lire ou s'interpréter d'une manière qui n'est plus réductionniste. Est-ce cependant autre chose qu'une solution verbale, un essai intellectuel et surtout moral de se dégager d'un piège métaphysique ? La question peut sans doute être posée. Il reste en toute hypothèse que cette manière de procéder est aussi valable que l'inverse, celle qui consiste à dire que la montée de la vie et de la conscience peuvent se réduire à la seule séquence de ses manifestations successives.

DE L'ESPECE AU SYSTEME

ET DU SYSTEME A L'ESPECE,

QUE REPRESENTE L'ANALYSE DANS DE TELLES PROPOSITIONS ?

par

Michel Denizot

Tous les naturalistes de profession sont obligés d'utiliser les notions d'espèce et de système avant de se rendre compte de quoi il s'agit. Il en est de cela comme du langage. Il en est de même pour les éléments de physique ou de chimie que l'on utilise en plantant un clou ou en faisant cuire un plat.

Très tôt cependant, dans un but de connaissance mais aussi dans un but pratique, la théorie des espèces et des systèmes a fait l'objet de leurs soins et, actuellement, tout biologiste se sera posé peu ou prou la question au cours de sa carrière. Latarjet (*) dit que tout scientifique en vieillissant devient philosophe, mais s'il y a en effet une évolution individuelle du comportement, il n'est pas vrai que ce soit l'essence de la philosophie. Un autre auteur a dit, autrefois, "Toute fille de joie, en séchant, devient prude"...

Le titre donné à cette communication aura été mal choisi s'il doit faire naître l'espoir de voir traiter ou régler les questions qui sortent trop des préoccupations des naturalistes. J'espère qu'"espèce" évoquera surtout pour le lecteur l'espèce biologique, et que l'usage, bien que généralement abusif, du mot "systématique" en biologie, permettra également au lecteur de restreindre les systèmes à leur usage en classification. D'un autre côté, il faut impérativement sortir des conceptions étroites de ces classifications, dépasser l'horizon propre aux spécialistes, et c'est pourquoi je n'ai pas cru devoir adopter un titre trop restrictif.

(*) Introduction à : Eugène, Aspects de la théorie générale des systèmes.

Une autre remarque s'impose pour l'emploi du terme "naturaliste". Aujourd'hui, il fait facilement un peu vieux jeu et, dans le domaine des sciences de la vie, on le remplace volontiers par "biologiste", le terme de "physiologiste" étant le plus souvent opposé à "morphologiste" ou à "systématicien". Les étymologies de ces mots montrent l'arbitraire des réductions d'emploi et l'importance des facteurs historiques sans liaison directe avec la logique. Nous continuerons donc à parler de "naturalistes", parce que justement ce sera la liaison entre cette nature et la réflexion portée sur elle qui fera le sujet de cette étude, étant entendu que c'est l'étude de la vie qui nous fera le plus réfléchir.

Je me pencherai donc surtout sur l'analyse de ce que sont les choses pour le praticien, sans pour autant suivre un but exclusivement pratique ou pragmatique. En refusant d'aborder trop vite les problèmes généraux ou universels, je désire seulement analyser ce que recouvrent les notions d'espèce et de système dans la pratique la plus courante de l'Histoire Naturelle. Ces deux notions nous suffiront pour dégager un conflit perpétuel entre l'aspect réaliste et l'aspect relationnel. Je n'aurai pas le temps ici de traiter d'autres questions, telles que celles soulevées par le genre ou encore par le couple induction-déduction.

Il suffira de partir des constatations du niveau le plus bas : il y a des objets - nous établissons des relations. Celles-ci peuvent être rudimentaires et fondées immédiatement sur l'observation du réel. Comme disait ironiquement le botaniste J. Motte, de la raquette de tennis et de la poêle à frire, qui a engendré l'autre ? De l'autre côté, le culte du "fait" limite trop souvent l'horizon des scientifiques qui se rendent mal compte de la complexité involontaire de leur pensée, et il faut aller jusqu'à donner une autre lecture de la méthode employée par eux.

Certes, le seul fait d'isoler ainsi les naturalistes est une prise de position préalable systématique. Mais n'est-ce pas le seul moyen de les respecter tout en les soumettant à la critique des logiciens et des philosophes ?

L'ESPECE

Que représente l'espèce pour le biologiste ? Plutôt que de partir de définitions plus ou moins sophistiquées, il est intéressant de décortiquer d'abord les obligations du code de nomenclature, puisque, sous son aspect formel, il doit permettre de dégager des pratiques et préoccupations courantes.

L'espèce vue par le code de nomenclature

Les obligations du code sont claires, si l'on élague préalablement les petites questions telle que la loi d'antériorité, la forme des noms ou la validité des publications. Ces problèmes sont respectables et font utiliser souvent beaucoup de temps, mais ils appartiennent à la cuisine professionnelle et ne posent aucun problème de principe.

Par contre, les vraies obligations de base sont au nombre de trois: 1) un **nom** (binominal pour "l'espèce") ; 2) une **description** (diagnose - avec ou sans figure) ; 3) un **type** observable en un endroit indiqué. Le code de nomenclature ne s'occupe pas de la valeur scientifique de l'unité ainsi définie et il se contente de préciser la formalisation des conditions de création, mais en ce faisant il énumère ces conditions et donc les définit peu ou prou.

- **Le nom.** Il est essentiel de préciser que la forme du binome a changé depuis Linné, en ce que le mot désignant l'espèce était pour lui un adjectif descriptif, condensé de la différence spécifique telle que conçue par les Scolastiques, alors qu'il s'agit maintenant d'un terme quelconque, sans valeur descriptive. Que sa forme puisse rester adjective peu importe ; le terme spécifique est considéré comme valide, même s'il évoque une qualité notoirement absente de l'espèce en question ou s'il est bâti arbitrairement, par dédicace à un homme par exemple, sans aucune prétention à favoriser la reconnaissance de l'espèce ou faciliter sa mémorisation. Ceci est très important, car si Linné considérait, au moins à la mise en place de son système binominal, que le genre était essentiel, qu'il exprimait quelque chose de la substance des Scolastiques, cette valeur a maintenant été transférée, et sans nuance, à l'espèce. Ceci nous permettra de considérer le "genre" nouveau modèle comme une "classe" telle que la comprennent les logiciens, mais ce qu'il faut bien dégager d'abord, c'est que le nom tel que le conçoit le code s'applique ou veut s'appliquer à une réalité. Je m'abstiendrai évidemment d'aborder la question nominaliste qui nous entraînerait trop loin.

- **La description,** la diagnose, est par contre une analyse. Idéalement, elle doit fournir tous les caractères permettant de définir l'unité, genre ou espèce. Elle doit servir à retrouver cette unité de classification dans un autre échantillon. L'espèce apparaît ici alors comme une classe regroupant des existentiels que nous pouvons appeler, en approche suffisante du problème, des individus.

- **Le type** enfin doit être un échantillon provenant en totalité d'un individu unique. Les types collectifs ont été refusés, officiellement pour éviter les discussions sans fin sur ces collections, en vérité pour s'efforcer de fonder l'espèce sur un objet matériel, pour s'efforcer de la matérialiser au maximum, d'en faire un "fait".

L'assemblage de ces trois conditions pour l'"existence" d'une espèce est donc hétérogène. C'est un modus vivendi où chacun pourra retrouver ses préoccupations. Le logicien pourra y retrouver l'ambiguité de la notion de classe, mais, pour le praticien, l'intérêt se portera sur la comparaison des espèces entre elles. Ces deux espèces connues sont-elles vraiment différentes ? Ai-je le droit ou le devoir de créer une espèce nouvelle à partir de tel matériel ? Quel nom faut-il employer pour telle espèce ? Ces études sont sans fin et, si l'on a parfois l'impression qu'elles défendent plus l'intérêt de la profession que celui de la science, il reste qu'elles sont, dans leur principe, tout à fait légitimes.

L'espèce des faunes et flores

Qu'en est-il maintenant pour l'usager habituel des faunes et des flores ? Il va utiliser les descriptions des ouvrages utilisés pour "déterminer" son échantillon. Que ces descriptions soient présentées en ensembles ou en clefs analytiques, peu importe. On utilise, dans tous les cas, les caractères tels que dégagés par l'auteur et interprétés par le lecteur. Le type n'apparaît plus. L'usager voit comme espèce son échantillon et le compare avec les espèces-diagnoses de l'auteur consulté. On voit aisément que l'usager travaillant ainsi peut être plus près de l'espèce-classe que le spécialiste, ce qui peut sembler étrange, mais c'est la seule possibilité de mise en application des ouvrages descriptifs. Bien sûr, l'espèce caractérielle sera pour l'usager démontrée par l'échantillon qu'il tient en main, elle sera à nouveau réalisée, mais le passage par l'analyse caractérielle amène des difficultés de deux ordres.

Il est d'observation courante en pédagogie, et notre propre anamnèse nous le confirme, que l'analyse caractérielle et son expression sont choses difficiles. J'ai pu le constater particulièrement bien en enseignant les algues, car ce sont des organismes insolites, parfois vite reconnus comme végétaux, mais incomparables de façon simple aux plantes courantes de notre environnement. Les descriptions faites par les étudiants sont particulièrement bafouilleuses, jusqu'au moment où apparaît un nom d'espèce de comparaison. Alors le fil directeur est présent et tout va bien ; c'est le soulagement existentiel : la Nature est. Encore faut-il que le fil directeur soit bon. J'ai entendu comparer les Zostères, Phanérogames marines à feuilles linéaires, à des Fougères, peut-être en partie par confusion des noms ; ayant demandé si la plante inconnue (la Zostère) était ramifiée, je n'ai obtenu que des réponses obscures jusqu'à ce que j'ai parlé de feuilles à bord parallèles. Alors j'ai pu obtenir de mon interlocuteur la reconnaissance que la comparaison, inconsciente, portait sur la consistance, et il est vrai que la consistance des feuilles de Zostères est bien plus proche de celle des frondes de Fougères que de celle des Algues véritables, plus molles, plus gluantes au toucher, plus lisses, bien que ces Algues vivent dans les mêmes milieux que les Zostères. L'idée de la forme n'était en fait qu'idée parasite.

La difficulté est donc l'analyse caractérielle. A partir du moment où le système est trouvé, tout va beaucoup mieux. Cette remarque fonde le danger de l'analyse préalable, puisqu'il devient difficile et souvent impossible d'en sortir, et notre document écrit, notre faune ou notre flore pratique apparaît ainsi, par rapport à notre étude, comme un système préétabli. C'est une solution de facilité sans doute, mais on préférera souvent à une analyse fouillée l'adoption d'une classification déjà élaborée.

Les flores et faunes locales sont, à ce point de vue, particulièrement redoutables. La recherche de différences "pratiques" se fonde sur la sélection spécifique localement réalisée. La distorsion entre la théorie et la pratique, entre la recherche théorique et l'utilisation la plus terre à terre de données considérées comme indubitables devient maximale. L'auteur aura comparé les échantillons locaux avec ceux provenant d'ailleurs, considérés comme types par les spécialistes, généralement sur des critères de hasard. En effet, seule la multiplication des études scientifiques sur l'ensemble de ces organismes permettra de compenser l'établissement précoce de l'espèce en question, qui apparaît trop souvent comme prématurée. On doit noter par ailleurs, toujours en ce qui concerne des ouvrages destinés à permettre la détermination, que, pour être utilisable par l'usager épris d'efficacité, la clef devra être particulièrement soignée. Or elle est trop souvent massacrée, car justement l'auteur considère comme plus valable l'évidence des espèces que les efforts portés pour leur description.

Si la détermination à partir d'échantillons prédéterminés en collections apporte à l'analyse une sorte de confirmation visuelle, il est évident que les mêmes difficultés théoriques restent présentes.

Le deuxième type de difficulté concernera le nom d'auteur. On sait que le code impose de faire suivre le binome du nom d'auteur, tel qu'il le fait lier à l'échantillon-type, lui-même lié à la publication première. Ce nom d'auteur sera fourni, dans le processus de détermination que nous analysons présentement, par le livre consulté et je pourrai ainsi écrire sur l'étiquette de mon échantillon les trois mots fatidiques : le nom de genre, le nom d'espèce, le nom d'auteur. Mais il faut bien comprendre que ce nom d'auteur n'est plus aucunement une référence personnelle de bibliographie ou de collection. On exige le plus souvent que les bibliographies des thèses et publications ne comportent que les ouvrages consultés et cités, sous réserve d'indication expresse. On devrait donc préciser le ou les documents vraiment consultés, ce que les publications détaillées font. Mais on voit combien, même en précisant que mon échantillon a été déterminé seulement d'après tel ou tel ouvrage, et n'a rien à voir directement avec le nom d'auteur imposé par le code, on "réalise" le binome nommant. Il ne faut pas oublier que le code privilégie le type et, seulement à un moindre degré, le nom. Le type ne peut être changé que pour des raisons historiques très strictes (non désignation jusqu'à une certaine date, destruction...). Le nom même peut toujours être cité. La diagnose par contre est très secondaire et donc le travail de ceux qui étudient les combinaisons n'intéresse pas le code. Pour celui-ci, il ne s'agit pas de combinaison, mais de simple description ; les bons auteurs estiment que celle-ci ne doit pas être seulement comparative, mais ceci va toujours dans le même sens de l'absolu de l'espèce. Tout le travail de systématique, au sens strict du mot, est inconnu du code qui, à la limite, n'y reconnaîtra que la loi d'antériorité. De ce fait, ce travail de systématique n'intéresse personne, pas même, par paradoxe, ceux qui ne s'intéressent pas aux espèces essentielles. Ceux-ci ne considèrent un tel travail que s'il est utilisable par eux, pour "aller plus loin".

Le nom d'auteur est une référence qui se voudrait donc absolue, mais risque de faire interpréter de travers le travail de détermination. Son seul mérite - mais il faut avouer qu'il est très grand - est d'obliger à respecter les collections.

La nomenclature descriptive

Une autre tendance a donc vu le jour, favorisée par les nouveaux moyens de mémoire et de calcul ; le type en est une certaine numéri-clature, qui se développe d'ailleurs très inégalement. Un premier usage de ces techniques consiste à coder les noms des unités connues et favoriser ainsi leur mise en fichiers et surtout l'utilisation de ceux-ci. Un autre usage apparaît comme une nouvelle présentation des tableaux de détermination, des clefs lamarckiennes, grâce à la mise en mémoire des caractères et la ressortie facile de ceux-ci. Nous avons ici un aspect de la réalisation du rêve d'Adanson. De telles pratiques ne touchent pas au principe de notre espèce essentielle, exprimée par le nom et réalisée par le type.

Mais on peut envisager de refuser toute typologie, toute mise en mémoire préalable d'espèces reconnues. On codera alors seulement les caractères et l'on utilisera les possibilités de calcul de la machine. On pourra alors imaginer n'importe quelle classe définie par un ou plusieurs caractères, et ce résultat pourra être utilisé de deux façons, soit qu'on applique des calculs propres à juger les combinaisons en tant que combinaisons - ce sera la préoccupation du mathématicien -, soit qu'on cherche à retrouver dans la nature la réalisation de ces combinaisons et qu'on en estime les populations - ce sera une forme de modélisation appréciée par le naturaliste -. Dans ce dernier cas, on retombe sur le critère de réalité, que la réalisation en question soit simplement observée dans la nature, qu'elle soit le fruit d'une expérience ou même qu'elle soit une construction totalement artificielle. La discussion sur les manipulations génétiques est des plus actuelles ; elle ne touche le problème du réel que dans la mesure où il est important de distinguer ce qui provient directement de la nature et pour lequel on peut supposer ou espérer qu'un contrôle par le temps et par l'environnement s'est fait, et ce qui est le résultat d'un travail récent, pour lequel tous les doutes sont permis. Mais le réel même reste la même chose. Ceci nous oblige à passer à la sorte d'espèce suivante.

L'espèce temporelle (espèce durable)

Toute l'étude de l'espèce que nous venons de faire repose sur une étude formelle, justifiée par le sens étymologique du mot "espèce" et les réflexions qui s'ensuivent évidemment. C'est la définition d'Aristote (1). Mais le plus grand nombre des définitions classiques et modernes tiennent compte du phénomène de reproduction et donc de la constance de forme et de comportement à travers des générations successives.

Le plus grand nombre des définitions de l'espèce axées sur le phénomène de génération se réfère à l'ancêtre fondateur, avec tous les sous-entendus que l'on peut supposer. C'est, presqu'à l'état pur, la définition de Jordan qui "réalise" l'espèce dans la descendance."L'espèce... est l'unité renfermant un nombre indéterminé d'individus qui tous ont une même nature et sont consubstantiels les uns aux autres, de telle sorte qu'ils peuvent être justement considérés comme issus originairement d'un seul et même individu, premier exemplaire de toute l'espèce".

Linné montre combien il reste près de l'observateur : "L'espèce est la somme totale des individus qui se ressemblent comme s'ils avaient une origine commune." (2)

Cuvier essaie de se référer surtout à la génération : "L'espèce est la réunion des individus descendus l'un de l'autre ou de parents communs, et de ceux qui leur ressemblent autant qu'ils se ressemblent entre eux."

En ce qui concerne ces éléments de définition, De Candolle n'apportera que des phrases un peu plus verbeuses, mais, et c'est là l'essentiel qui nous amènera au prochain type de définition de l'espèce,

---

(1) Histoire des Animaux, I p. 1.

(2) **fide** Nordenskiöld, The history of biology, N.Y. Tudor, 1935.

mentionne expressément la fécondation. L'espèce est "la collection de tous les individus qui se ressemblent plus entre eux qu'ils ne ressemblent à d'autres ; qui peuvent, par une fécondation réciproque, produire des individus fertiles, et qui se reproduisent par la génération, de telle sorte qu'on peut, par analogie, les supposer tous sortis originairement d'un individu."

Espèce par compatibilité (espèce génétique)

Depuis le début du siècle, l'accent se porte volontiers sur la compatibilité de fécondation et l'actualité ou la potentialité des croisements.

Pour certains auteurs, la stabilité reste un caractère important. La définition de Turril (1925) par exemple est en fait très proche de celle de De Candolle : "A species is an isolated group of individuals whose sum of characters tends to keep constant by natural in-breeding." D'autres, dans des formulations souvent ambiguës, voient surtout la compatibilité de reproduction. Ainsi Dobzhansky (1) "Les espèces sont des groupes de populations naturelles se croisant réellement ou potentiellement, qui sont isolés des autres par le fait de la reproduction." Simpson essaie d'être très généticien : "L'espèce est un groupe d'organismes constitués et situés de façon telle dans la nature qu'un caractère héréditaire de l'un de ces organismes peut être transmis au descendant d'un autre" tandis qu'on voit apparaître chez Du Rietz la préoccupation populationnelle "L'espèce est un syngaméon... séparé de tous les autres par l'isolement sexuel."

L'intérêt se porte donc sur la possibilité, actualisée ou non, d'échanges de gènes, ce qui s'inscrit dans le cadre de l'étude des populations. Une telle étude a été systématisée de façon intéressante par Gilmour, Gregor, Heslop-Harrison (2). Les trois auteurs en question, après être partis d'un "dème" comme unité, alors obscurément défini par l'interfertilité, se sont aperçus que l'analyse des populations observées ne pouvait se résoudre en une question simple, ce qui les amena à distinguer des "gamodèmes" (populations à croisements possibles) et d'autres populations fondées sur un caractère commun (cytodèmes, écodèmes, topodèmes) et même, dans le grand ensemble des gamodèmes, des hologamodèmes, autodèmes, coenogamodèmes, syngamodèmes, avec des définitions plus ou moins restrictives. Les mêmes auteurs seront forcés finalement d'admettre que l'espèce est définie par son nom et, par conséquent, de dissocier plus ou moins logiquement celle-ci de leur étude sur la variation des organismes pris individuellement.

Il n'est pas possible d'analyser ici tous les travaux qui concernent la génétique des populations, mais le texte, très élaboré, de Walters & Briggs met bien en évidence l'ambiguïté méthodologique devant laquelle on se trouve forcément. Appelons-le espèce ou autrement, l'objet d'étude fera toujours l'objet d'une connaissance préalable avant de pouvoir être analysé et la difficulté réside le plus souvent dans le

(1) cf. Mayr, The species problem, Washington, 1957.

(2) cf. par exemple Walters & Briggs : Les plantes, variations et évolutions - ouvrage où l'on trouve un bon résumé de ces travaux.

retour à cette analyse pour fournir une définition du dit objet.

Le texte de Walters & Briggs se réfère à une définition de John Ray qu'ils font suivre d'une remarque intéressante. "Il est vrai, écrivent-ils, que la définition de Ray : "...les traits distinctifs qui se perpétuent dans la graine qui se propage" n'est pas logiquement satis-faisante, car elle pourrait aussi bien s'appliquer à un genre, à une famille ou même à l'ensemble du règne végétal." Nous retrouvons ici l'obsession très traditionnelle de l'échelle, des taxons, des box-in-box, laquelle se réfère à une conception très rudimentaire et formaliste du problème extensionnel en classification. C'est encore le réalisme de nos naturalistes, mais exacerbé par un pragmatisme très terre-à-terre. La permanence de l'espèce à travers les générations fait penser à une valeur essentielle de cette espèce et ce sera un lieu commun que de se demander ensuite sur quels caractères fonder le niveau de l'espèce en question, ce que nos auteurs ci-dessus ont essayé d'exprimer en disant que le texte de John Ray n'était pas "logiquement satisfaisant". Finalement, ils définiront eux aussi l'espèce comme ayant un nom.

Résumé : le problème de l'espèce

Nous venons de distinguer en somme une "espèce essentielle" et une "espèce relationnelle". Il serait certainement utile de mieux analyser ici la genèse psychologique de l'espèce. Comme son nom l'indique, l'espèce naît de la vision, donc du regard. Mais la répétition d'une vision fait naître l'idée d'un individu réel ; il faut autre chose pour élaborer la notion de différence. Cette notion ne concerne ici que ce qui peut provenir de la comparaison d'individus, au moins d'individus spéculaires, et non de la diversité au sein d'un genre commun, ce qui implique un nouveau stade d'élaboration. Nous touchons au problème de l'un et du multiple, mais ne pouvons le détailler, tant pour ses impli-cations métaphysiques que pour sa signification psychologique. Revenons sur nos deux types d'espèces.

L'espèce "essentielle" apparaît dans un certain sens comme un "individu", réalisé par le nom et le type. Une telle "espèce" ouvre immédiatement aux discussions métaphysiques. Mais il faut remarquer qu'à un niveau beaucoup plus terre-à-terre, cette conception répond bien au besoin de réel du naturaliste. En particulier, le biologiste ne discute pas la réalité des espèces. Pour lui, elles sont un "fait". La discussion sera dans leur expression par la science et, si critique il y a, celle-ci concerne bien plus les chercheurs que les espèces mêmes. Ceci retentit bien sur le travail pratique. Par exemple, la notion de permanence est communément admise comme évidente mais très peu analysée. Le spécialiste estime qu'il lui suffit de retrouver quelques individus peu différents entre eux pour pouvoir supposer sans discussion la continuité génétique. Certaines des définitions données plus haut le montrent clairement. La communauté de forme apparaît comme argument suffisant, ce qui a eu, a contrario, l'avantage de promouvoir les études du développement embryonnaire, des métamorphoses, des cycles végétaux, pour préciser le polymorphisme propre à l'espèce et celui qui corres-pond aux variations populationnelles. On pourrait reprendre à ce sujet la querelle préformationniste, où les arguments pour ou contre ont été pour le moins très mêlés.

L'espèce liée à une logique purement relationnelle pourrait

peut-être être appelée "espèce caractérielle". Cette formulation va nous obliger à une utile mise au point. Les caractères vont pouvoir être considérés comme des "faits" par les naturalistes toujours épris de réalité. Dans certains cas, le caractère sera matérialisé par un organe tel que l'archégone pour les plantes supérieures ou le squelette pour les vertébrés. Mais, dès que l'on aborde des subdivisions de faible extension, le problème de la combinatoire apparaît au premier plan, même pour la pratique courante. Apparaît alors la distinction entre les relations caractérielles à l'intérieur de l'espèce et les relations de même aspect entre les différentes espèces. Ce sera la séparation entre la morpho-genèse et la phylogénèse, en même temps que leurs liens, pour employer des expressions dynamiques, tenant compte du temps. Mais même si la morphogénèse est un devenir de la forme, si elle est la forme en devenir, elle se sert de cette forme, fut-elle instantanée, comme critère majeur.

Mais le vrai problème n'est pas là. Il est dans la conception d'une logique purement relationnelle, qui pourrait bien être non-existentielle et même, pourquoi pas ?, non-extensionnelle. La relation est la spécia-lité du mathématicien et pousser cette recherche nous entraînerait dans la critique de la mathématique pure. Contentons-nous de voir ici, par l'usage des diagnoses, un exemple privilégié de logique des classes, exemple privilégié par toutes les intrications qui peuvent se tisser entre points de vue différents. Dans l'état actuel des choses et pratiquement, ces travaux débouchent sur des études de populations et permettront sans doute l'approche de l'analyse du code génétique. Chaque résultat positif est une confirmation pour la logique des classes mais n'affirmera nullement la possibilité de la logique purement relationnelle. Et la nomenclature descriptive est donc comprise généralement comme modèle théorique.

Pour nous résumer et nous permettre, après quelques remarques parallèles, de passer à l'étude des systèmes, nous dirons que l'espèce, telle qu'elle est manipulée par les naturalistes, présente un aspect réel et un aspect classe. Nous avons abordé ailleurs les relations entre l'existentiel et l'extensionnel en logique des classes (1). Sans aller si loin, il n'est pas possible de traiter des relations entre espèces et systèmes en utilisant une quelconque définition pratique de l'espèce en cause. La question du réductionnisme, en particulier, y revêt un aspect très complexe. Si on l'applique à l'analyse, nous avons vu que celle-ci n'est jamais considérée comme suffisante par les naturalistes, et la réduction des espèces à une combinatoire ne se justifie que dans un domaine bien limité.

Justification de l'exclusion de la discussion sur le genre

Nous pouvons maintenant revenir sur notre refus de discussion sur le genre, bien que le genre apparaisse à beaucoup de naturalistes comme d'une nature différente de celle de l'espèce. En ce qui concerne le code de nomenclature, on pourrait croire que les obligations relatives au genre concernent seulement le nom et la description. Ce n'est pas

(1) Bull. Ac. Sc. L. Montpellier, sous presse.

parfaitement exact , puisque le genre implique un "génotype" (terme malheureux car employé aussi en génétique dans un autre sens), génotype qui est une espèce-type de ce genre, espèce qui elle-même exige la référence à un échantillon.

De toute façon, même en éliminant le problème de la référence à un échantillon, on voit qu'il est légitime de ne pas parler ici du genre comme distinct de l'espèce, dans la mesure où l'on se place dans la seule optique de la logique des classes. Ou plutôt les problèmes du genre sont les mêmes que ceux de l'espèce, à moins de faire de celle-ci un clone (clone = identité génétique entre les individus). On ne peut en effet parler de degré de proximité. Il faut une différence tranchée.

La notion de genre ne peut prendre d'autonomie que si l'on quitte nos préoccupations actuelles. Effectivement, on peut étudier à partir de lui les questions d'approximation, d'induction, de preuve objective de la permanence et de l'évolution.

Mais, je le répète, si l'on s'en tient à la logique des classes, toute question relative au genre peut être transférée à l'espèce, et le terme unique de classe est tout à fait justifié. Il en est de même pour la pratique courante de la classification, dans laquelle les niveaux genre et espèce répondent à des préoccupations pratiques et d'efficacité. Malgré le transfert par certains auteurs au genre de critères habituellement considérés comme spécifiques, nous pouvons donc exclure cette discussion de la présente étude.

Ensembles d'individus comprenant plusieurs espèces non apparentées entre elles

L'aspect réel ou analytique de l'espèce se retrouve, quoique de façon sensiblement différente, chez les ensembles appelés associations, communautés, biocoenoses, etc. La question est intéressante car la distinction avec les populations discutées ci-dessus est suffisamment floue pour que l'on ait parlé de "peuplements". De telles unités concernent d'une part les espèces présentes ou leur état physiologique, d'autre part les facteurs historiques ou écologiques en cause dans leur établissement. Scientifiquement, la question tourne autour de l'appréciation de ces divers facteurs individuels (génétiques), historiques et écologiques (adaptatifs), et nous retrouvons très vite ici les discussions concernant les lamarckismes et darwinismes ou au moins ce que l'on veut bien mettre sous ces mots. Une étude des discussions et définitions qui ont porté, depuis la fin du siècle dernier, sur les unités d'association, est instructive et fait apparaître un balancement continuel entre une définition écologique et une définition floristico-faunistique, avec des confusions et des intermédiaires parfois voulus, tel que la définition physionomique, celle de la "végétation" (au sens collectif du terme), qui prétend exprimer l'écologie par la forme des organismes sans pour autant déterminer spécifiquement ces organismes. Même dans les cas où la définition écologique semble nette, par exemple dans la zonation marine, les praticiens y font facilement entrer le critère floristico-faunistique, donnant ainsi à l'analyse physico-chimique une tout autre signification et introduisant souvent une méthodologie qui peut tourner à la pétition de principe et à la description faussement explicative.

Dans le cas de la phytosociologie classique, la création de toute une hiérarchie de classes, calquées plus ou moins sur la hiérarchie des "taxons", remet en avant toute la discussion sur la "réalité" de telles classes. L'ensemble est conçu comme une système. L'originalité est ici que l'écologie est conçue comme agissante et qu'il y a lieu de discerner des facteurs, alors qu'en classification spécifique, le fait d'être de couleur bleue est généralement pris comme caractère et non comme facteur. Cependant, il faut rappeler que la nature factorielle de nombreux critères écologiques n'est pas prouvée avec évidence, au moins en ce qui concerne l'analyse de leur action.

A noter que la méthode floristique considère chaque espèce comme un caractère.

Il ne faut probablement pas pousser l'analogie trop loin, car la "réalité" d'une association n'a pas pour nous la même résonnance que la "réalité" d'une espèce qui pose, elle, les problèmes de substance et d'individu.

LE SYSTEME

Ceci étant, que représente le système pour le naturaliste ? Car ici encore, nous allons réduire notre étude à cet aspect de la question ; nous avons dit pourquoi.

Le plus souvent, les systèmes sont très rudimentairement compris par les naturalistes qui les remplacent de facto par une confiance dans la bonne nature.

En logique des classes, si l'espèce peut apparaître comme la classe de base, le système devient facilement la classe la plus vaste, où s'intègrent harmonieusement des classes bien hiérarchisées.

Le naturaliste, toujours réaliste, espère, quant à lui, que le système lui permettra de voir non seulement les rapprochements, mais encore de trouver des trous comme dans le tableau de Mendeleiev, où le travail à venir mettra des choses réelles, qu'elles soient d'ailleurs naturelles ou artificielles. Le problème de l'universel l'agite beaucoup moins ; il croit même plus facilement à la pluralité des systèmes, ce que souvent il exprime, faussement d'ailleurs, par "théories adansoniennes", où il trouve inconsciemment un flou artistique, une absence d'engagement qui pourrait ne pas paraître de mise ici.

Certaines oppositions et définitions sont traditionnelles et il est nécessaire de les rappeler.

Il reste ainsi courant d'opposer d'une part système-méthode et d'autre part naturel-artificiel, puis de concrétiser les diverses conceptions ou modalités sous la bannière d'un champion et parmi ces têtes de listes, on cite volontiers Linné, Jussieu et Adanson.

De Linné, on ne retient facilement que l'aspect classificateur à système. On ne parle plus trop de son fixisme, depuis qu'on estime avoir un meilleur maître en la matière avec Cuvier. Linné a eu le malheur de fonder sa classification sur un caractère qu'il ne pouvait pas critiquer, car il paraît difficile de fonder à priori la signification exacte du nombre d'étamines ou de carpelles ; une étude préalable, même grossière, laisse un sentiment d'incertitude sur les corrélations possibles.

Il ne faut cependant pas négliger qu'il a eu le mérite très précieux d'officialiser le rôle du nombre et de tendre à exprimer la qualité par la quantité, méthode scientifique s'il en est. Nous avons vu que Linné n'a pas été vraiment tourmenté par la définition de l'espèce, ce qui lui a donné une assurance que beaucoup lui ont envié et lui envient encore. Il est sans doute plus important que Linné ait été avant tout un naturaliste de terrain, qu'il ait commencé sa grande carrière par la flore de Laponie, et que, même pris par la rédaction de ses ouvrages et négligeant alors quelque peu sa collection, il ait toujours continué à étudier des échantillons. Il est bien évident que la phylogénèse et même l'étude de la nature dans son ensemble n'ont pas posé à Linné de problèmes intellectuels sérieux, sauf un peu à la fin.

De Jussieu et des continuateurs de sa famille, on retient la méthode "naturelle" et la pesée des caractères. Il s'agissait pourtant de classification, là encore, et le travail de départ était bien un travail de terrain, même si c'était un travail de jardinier. C'est à propos du travail de Jussieu que l'opposition système-méthode s'est exacerbée. Tous les arguments ont été cherchés. On a considéré le système comme artificiel et la méthode comme naturelle, avec des imprécisions de vocabulaire et d'analyse telles que souvent les relations ont été inversées. On a lié le système à l'usage d'un seul type de caractères, la méthode en réclamant plusieurs. Il serait intéressant de rechercher si l'argumentation concernant ce pluralisme de caractères a servi à l'élaboration de la classification suivante.

Adanson, en effet, est érigé en surhomme des systèmes multiples. Lui aussi a commencé par l'étude de terrain, surtout avec la flore du Sénégal qui l'a, par son étrangeté, obligé à réfléchir sur la méthode.

On a voulu voir dans Adanson l'origine des numériclatures, et il y a du vrai dans cette affirmation, comme on peut compter Jordan parmi les précurseurs des études populationnelles. Une lecture plus attentive des "Familles des Plantes" montre que la démarche d'Adanson était bien plus proche de celle de Linné ou de Jussieu que l'on ne serait tenté de l'admettre d'après ses remarques acerbes sur ses devanciers ou d'après les espoirs que l'ordinateur peut faire naître. Adanson n'a jamais mis en discussion le principe des espèces nommées et ses systèmes multiples concernent les caractères. Son mérite réside dans la recherche d'une critique des espèces préalables ; c'est un très grand mérite, mais l'espèce est toujours restée pour lui une réalité indiscutable.

A la limite, le système adansonien critique les caractères plus que les espèces. Il est bien évident que sa méthode (tableaux multiples qui ont fait le malheur de ses typographes) semble donner une réalité indiscutable aux caractères, mais la critique des espèces préalables n'a été pour lui qu'une recherche, ne serait-ce que parce qu'elles figurent expressément dans tous les textes. Dans l'ensemble relatif espèces-caractères, ce sont ces derniers qui sont les moins "réels" dans l'esprit d'Adanson.

Tout va dépendre maintenant de ce que l'on veut entendre par le mot "système". Etymologiquement, c'est "placer ensemble" et donc le système est la classification à partir des existants. Rien de plus naturel, peut-on alors dire. De l'existant à la classe, l'analyse ne peut être que caractérielle. Le système, tel que conçu par les naturalistes, implique forcément l'abstraction, alors que la systémique actuelle, fondée, c'est à souligner, sur la cybernétique, voudrait volontiers en faire une machine.

Toutes ces hésitations se compliquent par le retentissement individuel et social de l'usage des systèmes. Un bon système peut permettre d'économiser temps, efforts, argent et, individuellement, ceci compte beaucoup. Socialement, l'instruction-éducation doit se faire en apprenant à décrire si l'on veut faire des chercheurs, en apprenant les cadres nécessaires si l'on veut faire des techniciens. Ceci pourrait peut-être permettre d'éclairer un peu l'histoire confuse des méthodes et des systèmes qui ne se réduit pas à l'étude de quelques caricatures, telles que des théories racistes manichéennes sans intérêt scientifique. On devrait pouvoir ainsi épurer la logique de la question, mais tout ceci n'apportera rien, positivement, à la logique en soi de cette question.

La question des relations systématiques est intéressante. Etablir ces relations est-il une induction ? Les utiliser une déduction ? Peut-on parler d'induction déductive ?

Nous rejoignons ici la question de la création intellectuelle. La vraie difficulté pour qu'un travail sur un ensemble puisse servir utilement pour les études suivantes résidera en ce qu'il faudra établir et clefs et tableaux et systèmes avec des descriptions perpétuellement insuffisantes. Ceci illustre le rôle promoteur que de tels travaux ont : 1) en montrant les carences ; 2) en permettant une première étude de nombreux échantillons, étude incomplète, partisane, mais qui sera le substrat d'où peut se dégager un peu plus. Etude non mutilée, en vérité, mais embryonnaire. C'est pire et mieux.

Ce qu'il faut stigmatiser seulement, ce sont les travaux qui camouflent les données manquantes. Et c'est là que les beaux tableaux bien dessinés sont dangereux car ils peuvent faire illusion. Leur critique est difficile, puisqu'elle exige de reprendre toute la question. Comme pour un dictionnaire ou une encyclopédie, une bonne trouvaille ou au contraire une erreur de détail, souvent très visibles et surtout lorsqu'elles ont été repérées, restent moins importantes que l'ensemble en tant que tel, et notamment l'ensemble des manques.

On peut faire une dernière remarque, concernant la différence entre système et théorie. Le système ne se veut pas explicatif, mais ordonnateur. Non classificateur, mais ordonnateur, car seul l'ordre linéaire peut faire espérer une chaîne explicative. Nous arrivons à une inconsistance logique, mais à une méthode intéressante.

Mais nous nous égarons, car il s'agit ici de méthode des sciences et non de théorie des systèmes.

CONCLUSION

Cette étude a voulu d'abord mieux dégager ce que font et pensent vraiment les naturalistes - au sens strict que nous avons donné à ce terme - sans trop chercher à aller plus loin dans le domaine philosophique. Ceci nous a montré que bien des oppositions considérées par la majorité des biologistes comme fondamentales, restent en vérité dans le domaine scientifique, peuvent être considérées comme querelles d'écoles (au bon sens de la chose) et ne touchent ni la logique ni la métaphysique. Le naturaliste reste un homme du réel et l'extrapolation de ses études et de ses méthodes doit être fondée sur une analyse rigoureuse de celle-ci. Même dans une "numériclature" aussi mathématique que possible, le naturaliste reste un homme du réel, de l'objet.

Trop souvent, le naturaliste pense espèce et système dans

l'incorporation sans problème de l'un dans l'autre. Instinctivement, il part de l'espèce ou y revient pour contrôle. L'espèce est pour lui le fait, plus encore que l'unité. Tout le raisonnement par ailleurs n'est là que pour lui faire connaître l'espèce. Ce raisonnement n'a donc pas de réalité dans son esprit. Le système n'a donc aucune consistance en soi. La méthode est un mode d'emploi ; elle est naturelle puisqu'elle aide à connaître la nature. On ne peut comprendre l'analyse, le système, la méthode vus par le naturaliste sans savoir ce "retour au réel".

L'espèce étant le réel et le système la combinatoire, on peut envisager une combinaison imaginaire, mais qui sera considérée comme ayant valeur scientifique seulement si, par retour au réel, elle aboutit à la description d'existants. D'où la pratique de la modélisation, qui épargne la critique au traitement mathématique en l'insérant ensuite dans le réel. On sépare le travail du mathématicien qui élabore le problème et celui du naturaliste qui contrôle sa concordance avec le terrain.

On ne peut s'empêcher de penser à un certain nombre de questions classiques, dont certaines fourniraient un élargissement précieux à la discussion. L'opposition analyse-synthèse n'apparaît ici que comme un petit paragraphe. La théorie, telle que vue par Poincaré, nous montre dans tous les cas, après le minimum d'observation nécessaire, une réflexion essentielle au déroulement des choses. Mais le naturaliste demandera la preuve matérielle subséquente, ce qui correspond par exemple à la méthode expérimentale type Claude Bernard.

Les "biosystématiciens" suivent un raisonnement tout à fait naturaliste. Pour eux, le critère de réalité sera non la diversité et la permanence (classifications par caractères et par espèces), mais bien la fécondation, où ils voient la preuve de l'importance de la combinatoire génétique. Ils espèrent ainsi tenir le critère de la phylogénèse en le rattachant au travail mathématique. Devant l'importance de cette combinatoire, modélisatrice ou non, on ne peut pas ne pas évoquer les discussions sur la puissance et l'acte. La classification phylogénétique, qui n'est en vérité pas essentiellement une classification, relève partiellement de la puissance.

J'espère avoir ainsi remis à une place plus véridique l'opposition qui n'apparaît considérable qu'à première vue entre les différentes conceptions de l'espèce et du système. Nous voyons qu'il s'agit pour beaucoup d'une question purement scientifique ou au plus épistémologique, une question seulement de méthode.

Restent maintenant les problèmes plus généraux qui ne peuvent être traités ici mais que nous aurons peut-être aidé à mieux poser.

1 - La logique des classes est utilisée par les naturalistes, mais sans aller jusqu'au stade des logiciens. Des questions telles que l'Arbre de Porphyre ou le Système général ou la Théorie générale des systèmes sont pour eux des monstres sacrés. Le genre est conçu le plus souvent comme une combinaison, donc une unité de commodité, artificielle. La logique sent le soufre ; il vaut mieux voir que ratiociner et même l'élimination d'une erreur n'apparaît pas comme un travail sérieux. Seul compte l'apport d'une donnée positive nouvelle. La liaison induction-déduction d'une part, compréhension-extension d'autre part, n'intéresse que pour son utilisation immédiate.

Dans ces conditions, la critique de la logique, la séparation kantienne du conceptuel et de l'existentiel, simplement la distinction de l'extensionnel et de l'existentiel, peuvent utiliser des éléments tirés de l'établissement des classifications, mais demandent une réflexion d'un autre ordre.

2 - Par suite de cette hantise du retour au fait, la philosophie risque de n'apparaître plus que comme la méthode des sciences. Mettons que ce soit la reine des sciences, mais qu'est un roi sans sujets ? Doit-on réagir contre ce qui pourrait apparaître comme un nouvel avatar du scientisme en proposant d'épurer la philosophie de ces questions, de la limiter à la seule métaphysique ou même à la seule morale, si l'on admet préalablement l'existentiel ?

Nous sommes bien loin de la détermination des petites fleurs, fussent-elles bleues.

Collection
SCIENCE - HISTOIRE - PHILOSOPHIE
dirigée par Michel DELSOL

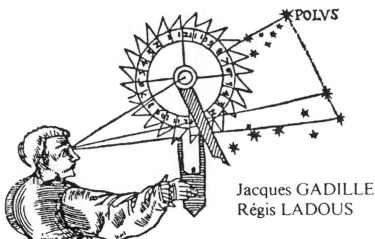

DES SCIENCES
DE LA NATURE
AUX SCIENCES
DE L'HOMME

Jacques GADILLE
Régis LADOUS

1984
Un volume 16,5 x 24,5
295 pages
137 F

Jacques GADILLE
Docteur ès Lettres,
Professeur à l'Université Jean Moulin
(Lyon III).

Régis LADOUS
Docteur ès Lettres,
Maître de Conférences à l'Université
Jean Moulin (Lyon III).

Librairie Philosophique J. VRIN
6, place de la Sorbonne
75005 PARIS

Institut Interdisciplinaire
d'Études Épistémologiques
25, rue du Plat 69002 LYON

QUELQUES BLOCAGES DE LA MEDECINE AU SIECLE DERNIER

PAR REDUCTIONNISME INCONSCIENT OU NAIF

par

Henri Péquignot

L'anatomie a été certainement en médecine la première des sciences exactes et c'est sans doute par elle que s'est introduite l'objectivité scientifique. Ceci a eu pour conséquence une véritable dictature de l'anatomie dont ma génération a vu la fin sans oser s'en réjouir, car si l'on connaît bien les inconvénients des vieilles dictatures, on ne mesure jamais les dangers des nouveaux impérialismes.

C'est la physiologie qui la première a relevé le gant. Trois textes en témoignent que nous aimerions rappeler ici. Le premier cours de physiologie du deuxième semestre d'enseignement au Collège de France de Claude Bernard, encore suppléant de Magendie, est pratiquement consacré à cette revendication de l'indépendance de la physiologie par rapport à l'anatomie. (1)

" Vous avez pu voir ainsi que nos recherches ont toujours primiti-
" vement pour base et pour point de départ des observations ou des
" expériences faites sur l'être vivant, et que, dans nos investigations, la
" physique, la chimie, et même l'anatomie, n'étaient employées qu'à
" titre d'instruments ou de moyens destinés seulement à localiser et à
" expliquer **a posteriori** les phénomènes que l'expérimentation nous avait
" fait voir d'abord. Il y a là toute une question de méthode que je veux
" aborder devant vous, avant d'entrer dans l'objet du cours de ce
" second semestre.
" On fait sans doute aujourd'hui beaucoup d'expériences sur les
" animaux vivants. Cependant on attache encore une grande importance
" à ce qu'on appelle la **déduction anatomique**, c'est-à-dire à la possibilité
" de découvrir les fonctions d'un organe par la seule inspection directe,
" ou armée du microscope, des différentes parties qui composent sa
" texture anatomique ou cadavérique.

....

" Les anatomistes, qui naturellement sont au point de vue anatomique,
" croient généralement que la localisation anatomique doit être le **point**

" **de départ** de toute recherche physiologique, et que la fonction se
" déduit ensuite en quelque sorte comme une conséquence de la connais-
" sance anatomique exacte des parties sur le cadavre. Je crois, au
" contraire, que la localisation anatomique a été constamment le **point**
" **d'arrivée** ou la conséquence de l'investigation physiologique expérimen-
" tale sur le vivant. Si l'on a cru qu'il en était autrement, c'est qu'il
" a existé à ce sujet, pendant fort longtemps, des illusions qui sont
" encore loin d'être dissipées, et sur lesquelles je désire insister.
" Messieurs, on a pensé, disions-nous, que l'anatomie d'un organe
" pouvait en donner la physiologie. Cette idée date de très-loin ; elle
" est, pour ainsi dire, aussi vieille que l'anatomie ; elle se trouve
" indiquée dans le titre même de l'ouvrage de Galien **De usu partium**.
" La même pensée est encore exprimée par Haller, quand il définit la
" physiologie : **anatomia animata**. Enfin, cette tradition d'anatomie soi-
" disant physiologique se trouve encore aujourd'hui dans les thèses des
" Facultés, dans les sujets de concours toujours posés ainsi : **Anatomie,**
" **physiologie** d'un organe, comme si la seconde se déduisait de la
" première.

....

" Le fait n'a pas confirmé cette espérance, car ces déductions ont
" été bientôt épuisées, et rien ne s'est plus ajouté à la science qui ne
" soit venu par une autre voie.
" Mais, Messieurs, il faut encore ajouter que, si ces déductions
" anatomiques ont paru servir dans les cas cités plus haut, il y en a
" beaucoup d'autres dans lesquels on n'a pu tirer aucune espèce d'utilité.
" A quoi ont servi, par exemple, les dissections les plus minutieuses
" du cerveau ou de la rate, du corps thyroïde, des capsules surrénales,
" etc. ? Sylvius, Varole, et tant d'autres, ont disséqué le cerveau, y ont
" attaché leur nom, mais ont-ils connu pour cela les propriétés ou les
" usages des parties qu'ils décrivaient ? Aucunement. Ces grands anato-
" mistes ont-ils donné à ce sujet autre chose que des opinions, déduites
" des comparaisons les plus grossières, mais sans aucune espèce de
" valeur réelle ? Des anatomistes célèbres, les Meckel, ont disséqué le
" trijumeau ou nerf de la cinquième paire ; ils ont découvert ses gan-
" glions, décrit ses anastomoses ; mais ont-ils pour cela soupçonné ses
" fonctions ? Pas le moins du monde. Il a fallu y arriver par une autre
" voie, par l'expérimentation (...)."

Il est remarquable que quatorze ans après, dans la leçon inaugurale
au Museum, de sa chaire de physiologie en 1870, traçant une perspective historique, Claude Bernard juge utile de revenir sur ce sujet (2).

" Bien que le développement de la physiologie, qui aboutit aujour-
" d'hui à son autonomie, ait été successif et pour ainsi dire insensible,
" nous distinguerons cependant deux périodes principales dans son évo-
" lution. La première commence dans l'antiquité à Galien, et finit à
" Haller. La seconde commence avec Haller, Lavoisier et Bichat, et se
" continue de notre temps.
" Dans la première période la physiologie n'existe pas à l'état de
" science propre ; elles est associée à l'anatomie dont elle semble être
" un simple corollaire. On juge des fonctions et des usages par la topo-
" graphie des organes, par leur forme, par leurs connexions et leurs
" rapports, et lorsque l'anatomiste appelle à son secours la vivisection,

" ce n'est point pour expliquer les fonctions, mais bien plutôt pour les
" localiser. On constate qu'une glande sécrète, qu'un muscle se contracte ;
" le problème paraît résolu, on n'en demande pas l'explication ; on a un
" mot pour tout : c'est la résultat de la **vie**. On enlève des parties, on
" les lie, on les supprime, et on décide, d'après les modifications phéno-
" ménales qui surviennent, du rôle dévolu à ces parties. Depuis Galien
" jusqu'à nos jours cette méthode a été mise en pratique pour déter-
" miner l'usage des organes. Cuvier a préféré à cette méthode les
" déductions de l'anatomie comparée.

....

" La seconde période s'ouvre, avons-nous dit, à la fin du siècle
" dernier. A ce moment trois grands hommes, Lavoisier, Laplace et
" Bichat, vinrent tirer la science de la vie de l'ornière anatomique où
" elle menaçait de languir et lui imprimèrent une direction décisive et
" durable. Grâce à leurs travaux, la confusion primitive de l'anatomie
" et de la physiologie tendit à disparaître, et l'on commença de com-
" prendre que la connaissance descriptive de l'organisation animale
" n'était pas suffisante pour expliquer les phénomènes qui s'y accom-
" plissent. L'anatomie descriptive est à la physiologie ce qu'est la
" géographie à l'histoire, et de même qu'il ne suffit pas de connaître
" la topographie d'un pays pour en comprendre l'histoire, de même il ne
" suffit pas de connaître l'anatomie des organes pour comprendre leurs
" fonctions. Un vieux chirurgien, Méry, comparait familièrement les
" anatomistes à ces commissionnaires que l'on voit dans les grandes
" villes et qui connaissent le nom des rues et les numéros des maisons,
" mais ne savent pas ce qui se passe dedans (...).
" La découverte de la combustion respiratoire par Lavoisier a été,
" on peut le dire, plus féconde pour la physiologie que la plupart des
" découvertes anatomiques.

....

" En résumé, la physiologie a présenté deux phases successives :
" d'abord anatomique, elle est devenue physico-chimique avec Lavoisier
" et Laplace. La vie était d'abord centralisée, ses manifestations
" considérées comme les modes d'un principe vital unique ; Bichat l'a
" décentralisée, dispersée dans tous les tissus anatomiques."

Il est plus remarquable encore que prenant la parole le 16 février
1878 aux obsèques de Claude Bernard, au nom de la Faculté des Sciences
de Paris, son élève Paul Bert revienne sur le sujet, insistant sur le fait
que le mérite historique de Claude Bernard a été cette rupture avec
l'anatomie (3). (p. XXVII)

" La fondation, au sein de la Faculté, d'une chaire de physiologie
" générale, avait donné à cette science expérimentale droit de cité
" dans l'enseignement classique, à côté de ses soeurs aînées, la physique
" et la chimie. C'est à justifier cet établissement nouveau, qui n'avait
" pas été universellement approuvé, que s'attacha dans ses leçons
" M. Claude Bernard.
" Jusqu'à lui, la physiologie n'avait guère été considérée que comme
" une annexe d'autres sciences, et son étude semblait revenir de droit,
" suivant le détail des problèmes, aux médecins ou aux zoologistes. Les
" uns déclaraient que la connaissance anatomique des organes suffit

" pour permettre d'en déduire le jeu de leurs fonctions, c'est-à-dire la
" physiologie ; les autres ne voyaient dans celle-ci qu'un ensemble de
" dissertations, propres à satisfaire l'esprit de système sur les causes,
" la nature et le siège des diverses maladies. Presque tous n'attachaient
" à ses enseignements qu'une valeur variable d'une espèce vivante à une
" autre, ou pour la même espèce, suivant des circonstances indétermi-
" nables, qu'une valeur subordonnée aux caprices d'une puissance mysté-
" rieuse et indomptable, déniant ainsi, en réalité, à la physiologie
" jusqu'au titre de science.
    " Claude Bernard commença par le lui restituer. Il montra, prenant
" le plus souvent pour exemple ses propres découvertes, que si elle
" soulève des questions plus complexes que les autres sciences expéri-
" mentales, elle est, tout autant que celles-ci, sûre d'elle-même, lorsque,
" le problème posé, ses éléments réunis, ses variables éliminés, elle
" expérimente, raisonne et conclut.

....

    " Il montra que si le physiologiste doit sans cesse recourir aux
" notions que lui fournissent l'anatomie, l'histologie, la médecine,
" l'histoire naturelle, la chimie, la physique, il doit en rester le maître,
" les subordonner à ses propres visées ; si bien qu'il a besoin d'une
" éducation spéciale, de moyens spéciaux de recherches, de chaires
" spéciales, de laboratoires spéciaux."

    Tout s'explique si l'on se souvient comme nous le rappelle Huard
que "c'est seulement en 1823 qu'en France l'anatomie et la physiologie
" firent l'objet d'un enseignement séparé mais les deux disciplines
" partagèrent une agrégation commune jusqu'en 1886". (4)

*

*   *

    J'avais eu le dessein à partir de mes souvenirs personnels, de
raconter la mort en clinique radiologique, d'un certain nombre de
maladies imaginées à la suite de l'interprétation hâtive d'images com-
prises à partir d'un canon anatomique appris sur le cadavre. J'avais,
comme toute ma génération, vu disparaître des comptes rendus des
radiologues et des explications des cliniciens, le rein mobile, les ptoses
digestives, les anomalies transitionnelles vertébrales et je voulais étudier
cet exemple que j'avais vécu pour illustrer votre colloque sur le réductionnisme. Quelle ne fut pas ma surprise de ne **rien** trouver sur le sujet
- la surprise aussi de collègues spécialisés intéressés à l'histoire de leur
discipline, persuadés comme moi d'avoir vécu la même histoire et
découvrant à leur tour qu'ils ne trouvaient aucune référence pour
m'aider. (5)

    Dans ces conditions mon exposé sera différent de celui que j'avais
promis. Mais en ce qui concerne le sujet lui-même, il peut être traité.
Simplement je devais au cours de mes recherches découvrir que les
erreurs d'interprétation faites à partir des schémas anatomiques avaient
été - avant l'origine de la radiologie - le fait de cliniciens. C'est la
clinique toute entière qui se laissa obnubiler par les canons anatomiques
et en définitive les radiologues venus dans cette affaire 15 à 20 ans
après, ne firent que suivre en "traînant les pieds" et peu à peu aidèrent

au contraire à leur libération.

Je fus mis sur la piste par un excellent article (6) du **British Medical Journal** consacré à l'histoire du rein flottant à l'hôpital de Glasgow. Il en résultait que le diagnostic avait toujours été clinique, que les interventions avaient commencé dès 1881, donc avant la radio (surtout rénale). De fait la littérature radiologique sur ce sujet avait été essentiellement critique, soulignant que le rein flottant était normal, qu'il n'y avait pas d'anomalie d'évacuation. Il est vrai que le clinicien peut palper un rein, surtout ptosé, alors que les médecins de ma génération avaient totalement oublié que leurs prédécesseurs palpaient l'abdomen en espérant y découvrir des renseignements sur la position et la morphologie de l'estomac ou des intestins (en dehors bien entendu de l'existence d'une tumeur palpable).

Et c'est alors que je redécouvris que les ptoses digestives avaient eu une histoire clinique qui commençait, non seulement avant la radiologie digestive, mais même avant la découverte des rayons X, puisque c'est en 1885, à la Société de médecine de Lyon et dans le Lyon médical, que Frantz Glénard va commencer la longue suite de ses publications sur l'entéroptose (7).

L'entéroptose de Glénard a joué un rôle considérable en clinique médicale entre les années 1885 et 1910 environ. Elle aura un succès mondial et une évolution extensive. Si Glénard montre que l'entéroptose explique tous les symptômes attribués à la ptose rénale, par contre la ptose de l'intestin s'étend au diaphragme et au-dessus du diaphragme (phrénoptose et cardioptose). Le succès est mondial, puisque dans les dix années qui suivent on en parle en Allemagne, aux Etats-Unis, en Belgique, en Hollande, en Italie, etc. et partout on rend hommage à l'auteur : Glenard's Disease - Glenardsche Krankheit - de Ziekte van Glenard - la malattia di Glenard - etc. Tout le monde accepte le tableau clinique et même le traitement, c'est-à-dire d'abord et avant tout la ceinture, la sangle pelvienne avec des pelotes, destinée à "remonter les organes", véritable "traitement d'épreuve".

Lorsqu'on relit l'énorme littérature de l'époque, on se rend compte pourtant qu'il y a des opposants et des sceptiques. Ils ne viennent pas des urologues ni des chirurgiens, très vite critiques sur la chirurgie du rein mobile, et très heureux que Glénard leur dise que, dans le rein mobile, les symptômes viennent du tube digestif et qu'il ne faut toucher au rein que si une maladie rénale associée le justifie. A ce titre Glénard est un des orateurs de la 5ème session de l'association française d'urologie en 1901 à Paris (8) et d'ailleurs en mai 1903 les sociétés, de médecine de Paris, la société "médico-chirurgicale", et de "médecine et de chirurgie pratique" confient à Glénard le rapport médical très documenté sur les ptoses que complète un rapport gynéco-obstétrical de Doléris et un rapport chirurgical de Paul Reynier (9).

D'où viennent les opposants ? En fait le grand opposant est Bouchard, lyonnais lui aussi mais "monté" à Paris. Celui-ci, la même année 1884 décrit une maladie qu'il a découverte "la dilatation d'estomac" (10). La dilatation d'estomac aboutirait à des fermentations et à un gros foie, lequel fait descendre le rein et "explique" la même symptomatologie, et d'ailleurs beaucoup d'autres troubles qui sont hors

de notre sujet. On pourrait retrouver dans cette opposition de Glénard
et de Bouchard comme un souvenir inconscient de la lutte séculaire des
iatromécaniciens et des iatrochimistes. Une lutte courtoise, mais sans
concession, va opposer les deux conceptions pendant quinze ans ; on en
peut retenir les discussions détendues à la Société Médicale des Hôpitaux
de Paris vers 1893 entre A. Mathieu et Juhel Renoy qui demande à
Frantz Glénard de répondre à Mathieu. Mais en pratique la dilatation
d'estomac de Bouchard n'est plus guère défendue que du bout des lèvres
et on assiste plutôt chez A. Mathieu, Le Gendre à un retour en grâce
du rein mobile.

Pourquoi ce succès de Glénard ? c'est que sa ceinture pour
ptosiques a été un extraordinaire succès mondial. En fait, il n'y a aucun
doute que la façon dont Glénard traitait ses malades n'ait été un
progrès considérable. Ce succès est facile à comprendre. Nul ne discute
que les malades dont parle Glénard étaient les mêmes que ceux qu'à la
même époque Charcot (qui meurt en 1893) puis Pierre Janet voyaient à
à la Salpétrière. Une publication de Glénard en 1902 dans le **Progrès
médical** (11) intitulée "Psychose et Névropathie", montre qu'il en avait
conscience. Mais ces malades, Glénard leur donne un statut. Ils deviennent
des "organiques". On leur explique leur maladie par leurs lésions anatomiques. On leur propose un traitement qui en fait des malades "full
time" avec la ceinture, la gymnastique, quelques médicaments dont ils
sont avides, à petites doses (bicarbonate de soude pour l'estomac,
laxatifs). De plus on leur interdit tout repas copieux, mais on les con-
traint à des prises fréquentes et régulières de petites quantités d'aliments
- méthode idéale de réalimentation des dénutris. Enfin, aux plus fortunés,
on offre des cures thermales. On comprend la popularité de ces thérapeutiques.

Et pourtant, si l'on continue pendant de longues années encore à
porter ou à vendre des ceintures, la littérature sur le sujet disparaît. On
parle d'autre chose. Cela ne ressuscite pas la dilatation d'estomac de
Bouchard. Cela n'empêche pas l'irrésistible déclin du rein mobile.

Et c'est alors dans ce demi oubli que le 3 avril 1914 à la Société
Médicale des Hôpitaux de Paris, Paul Carnot avec **Roger** Glénard et
Léon Gérard ont présenté une remarquable publication sur la radiologie
du tube digestif chez l'homme, et notamment la situation et la forme
des divers segments digestifs dans les principales positions du corps. Ils
vont redonner une bouffée d'oxygène aux ptoses mais, en montrant
qu'elles se corrigent dans certaines positions, ils vont proposer un traitement par des gymnastiques de postures, fort utiles chez ces femmes
à musculature abdominale déficiente (12).

"On est, d'ailleurs, étonné de voir combien sont rares, à ce point
" de vue, les sujets tout à fait normaux. La plupart ont leurs viscères
" descendus plus ou moins bas en position debout ; chez beaucoup, on
" constate même des ptoses viscérales accentuées d'ordre pathologique,
" véritable "maladie de la pesanteur", qui entraîne une série de troubles
" circulatoires, nerveux et digestifs, bien connus depuis les travaux de
" Frantz Glénard.
" Ces divers degrés de ptose sont facilement apparents, à la radio-
" graphie, en position debout. L'estomac étire alors son segment médio-
" gastrique : son bas-fond tombe, même à jeun, au-dessous de l'ombilic

" et, dans les cas extrêmes, jusqu'au plan de résistance pelvienne. Le
" côlon transverse, qui, normalement, est tendu obliquement entre les
" angles coliques, s'incline en son milieu en forme de guirlande et, si
" ses attaches cèdent (la droite principalement), il tombe vers le bassin
" en décrivant de multiples sinuosités. Le côlon ascendant se tasse alors
" et se plicature en accordéon, ainsi qu'on peut facilement l'observer
" sur certaines des radiographies que nous présentons à la Société.

" Or, c'est particulièrement dans ces cas d'abaissement anormal sous
" l'influence de la pesanteur que les changements de position du tronc
" impriment aux viscères des redressements considérables : ceux-ci sont,
" d'ailleurs, facile à prévoir, puisque la pesanteur s'exerce alors dans un
" tout autre sens qu'en position debout.

....

" De ces modifications, on peut tirer quelques déductions diagnos-
" tiques sur la ptose, la mobilité anormale ou, au contraire, les coudures
" permanentes et les adhérences péricoliques des divers segments.

" On peut, au point de vue thérapeutique, chercher, par la **gymnas-
" tique de position,** à imprimer au tronc des attitudes de corrections
" qui redressent les courbures ou les ptoses anormales. Ces corrections
" sont, ultérieurement, consolidées par le maintien prolongé dans le
" décubitus dorsal, l'action pathogène initiale de la pesanteur en position
" debout étant ainsi supprimée. La **gymnastique de mouvements,** en
" provoquant la mobilisation des divers segments coliques, permet d'autre
" part de combattre les adhérences anormales et de fortifier, par suite
" des réactions ligamenteuses et musculaires, les systèmes de soutien et
" les appareils moteurs du tube digestif.

" On voit, par ces quelques exemples, toute l'importance qu'offrent
" les modifications de position des viscères dans les diverses attitudes,
" tant au point de vue du diagnostic clinique et radiologique que des
" applications thérapeutiques à la diététique et à la gymnastique
" viscérale."

Et le dossier se referme sans qu'il ait fait à notre connaissance
l'objet d'une étude critique rétrospective.

Ce ne sont pas des radiologues donc, mais des cliniciens qui trouvant, sur des sujets qui se plaignaient, à la palpation de l'abdomen des
organes qui n'étaient pas là où les attendait leur esprit, formé au
schéma anatomique de l'anatomie cadavérique, ont expliqué les symptômes par ces anomalies de position. Assez vite les cliniciens se sont
repris, les radiologues, un instant troublés, se sont repris plus vite
encore. Chose curieuse personne n'a cherché à retracer cette histoire,
comme si elle était honteuse. En fait, il est remarquable que ces
discours pathogéniques aient permis, pendant une trentaine d'année, des
progrès dans la prise en charge de malades très nombreux et qu'en
définitive ce recours à l'anatomie a facilité une rectification rapide,
car des vérifications ont été possibles. Il est dommage qu'on n'ait pas
cherché plus tôt à comprendre l'intérêt de ces erreurs.

Nous ne dirons que quelques mots sur un autre sujet sur lequel la
bibliographie est plus mince encore : le rôle abusif que l'on a voulu
faire jouer aux anomalies transitionnelles vertébrales dans un très grand
nombre de syndromes douloureux de la colonne vertébrale. L'erreur

était au fond presque inévitable puisque l'on a toujours beaucoup plus souvent radiographié des sujets qui souffraient que des gens qui allaient bien. Et la découverte d'un aspect inhabituel l'a fait tout de suite accuser. Il a fallu trouver avec des fréquences presque analogues des anomalies identiques chez des sujets normaux pour rectifier le tir. Mais là encore cette histoire critique est entièrement à faire (15-20).

En définitive ce type de recherche n'a guère attiré de bonnes volontés mais je voudrais terminer cet exposé en en citant une, un modèle du genre, le travail que J.A. Lièvre a consacré à la critique du syndrome de Morgagni-Morel (21).

On comprend mal un tel silence de la littérature. L'histoire de ces errements n'est nullement une histoire scientifiquement honteuse. Non seulement tout s'explique, mais tout se justifie aisément. Les médecins reçoivent la visite de malades, de gens qui se plaignent. Ils les examinent. Il n'est pas étonnant que découvrant chez eux des situations ou des positions qui ne répondent pas au schéma qu'on leur a enseigné, leur première réaction est d'expliquer les symptômes par ces constatations surprenantes. L'attitude réductionniste est normale et même inévitable. Elle ne devient dangereuse que lorsqu'elle est naïvement inconsciente. Dès qu'elle est consciente et critiquée, cette attitude pratique seule possible est la source d'un progrès.

Pourtant cette interprétation comme maladie de tout ce qui est différent du schéma anatomique enseigné va devenir brusquement un véritable danger au XXème siècle à la suite d'un double développement :

Le premier est l'enrichissement de la sémiologie qui, de purement anatomique, clinique ou radiologique, s'enrichit de la biochimie et des tracés d'exploration fonctionnelle - on peut se reporter sur ce point à l'admirable synthèse de François Dagognet. (22)

Le deuxième est le développement des examens systématiques de sujets bien portants et la généralisation d'un examen clinique exhaustif, même chez les sujets dont les plaintes sont extrêmement localisées. Ceci va aboutir au dépistage d'un très grand nombre d'anomalies innocentes mais qui pendant de longues années surprendront les médecins et feront exclure des gens bien portants d'un certain nombre de professions ou d'emplois : la société se trouvant alors demander au sujet porteur de faire la preuve de son innocence. L'histoire de certains tracés électro-encéphalographiques, de la protéinurie orthostatique (23) de la maladie de Gilbert en sont des exemples tout à fait typiques.

En somme, ces deux généralisations imposent alors d'urgence, dans le jugement clinique, d'abandonner la référence aux schémas nécessaires dans l'enseignement élémentaire. Une redistribution doit être faite entre le pathologique que définit son pronostic et les différents types de normalités à l'intérieur desquels il faut intégrer beaucoup d'anomalies. Il faut après avoir enseigné les schémas comprendre qu'en clinique quotidienne, on doit partir non du schéma (qui ne sert qu'à préparer des questions d'examens et à en faciliter la correction) mais de l'ensemble des anomalies individuelles qui constituent la réalité du monde. Sur ce point on n'a pas tiré tout ce qui devait être tiré, des réflexions de Georges Canguilhem sur **Le Normal et le Pathologique**. (24)

Mais il faut insister surtout sur la responsabilité de l'enseignement (et on pourrait dire des choses analogues sur des méthodes de financement de la recherche) dans ces distorsions de l'esprit du praticien. Certes, l'anatomiste ne peut pas enseigner les anastomoses entre les artères cérébrales autrement qu'en décrivant le fameux hexagone de Willis. Pourtant, le ramollissement cérébral qui se produit chez un malade concret par l'oblitération d'une de ses artères ne s'explique jamais que par le type d'anastomose dont **ce malade** est porteur. Et maintenant l'artériographie nous permet de voir ces artères, la localisation dans chaque cas particulier de l'athérome ou d'une embolie dépend de la configuration individuelle et ne se déduit pas du schéma.

Un dernier exemple nous permettra de montrer que ce réductionnisme ne s'est pas toujours fait à partir de l'anatomie. Dans le très bon livre que Georges Guillain a consacré à Charcot (25) nous voyons que Charcot a été crédité d'une théorie de l'aphasie alors qu'il n'en a jamais eue. Certes il n'était pas d'accord avec l'interprétation de Broca et avait montré à Broca lui-même une autopsie d'aphasique où les lésions étaient temporales. Toutefois pour faire ses cours il utilisa des schémas de Ribot croyant assez naïvement que la psychologie de son temps était une science exacte. Laissons la parole à Georges Guillain.

" "Il ne s'est intéressé à l'aphasie qu'au point de vue purement
" clinique, quand, en tant que Professeur, il a voulu faire à ses élèves
" des exposés compréhensifs, clairs et schématiques de la question. Il
" a rappelé alors, dans ses Leçons, les idées classiques à son époque sur
" l'aphémie, la surdité verbale, la cécité verbale, l'agraphie ; pour son
" enseignement, il a fait dessiner des schémas qui furent souvent
" reproduits, non seulement dans les publications médicales, mais dans
" les livres destinés aux élèves de Philosophie et de Psychologie. Charcot
" avait lu avec intérêt les travaux philosophiques de Th. Ribot et,
" influencé par eux, avait considéré qu'il y avait quatre éléments dans
" le mot : l'image auditive, l'image visuelle, l'image motrice d'articu-
" lation, l'image motrice graphique. Il pensait que, si l'on supprimait
" l'une quelconque de ces mémoires partielles, il se produirait une ou
" plusieurs variétés d'aphasies."

Cette bévue de Charcot est d'autant plus remarquable à souligner que comme le rappelle aussi dans le même ouvrage Georges Guillain :
" Charcot qui a insisté si souvent sur sa méthode anatomoclinique, ne
" méconnaissait pas l'importance des travaux des physiologistes, mais il
" adoptait l'opinion de Claude Bernard dont il citait souvent cette
" phrase : "Il ne faut pas subordonner la pathologie à la physiologie,
" c'est l'inverse qu'il faut faire. Il faut poser d'abord le problème
" médical tel qu'il est donné par l'observation de la maladie, puis cher-
" cher à fournir l'explication physiologique. Agir autrement, ce serait
" s'exposer à perdre la malade de vue et à défigurer la maladie." (*)

En somme si l'on réfléchit que tous les pays au monde ont fondé l'enseignement des médecins et des professions de santé sur cette impossible déduction du pathologique à partir du normal, volonté de

(*) p. 120.

partir de l'inconnu pour aboutir au connu, et en même temps financent leurs recherches en supposant que la découverte est faite et qu'il reste simplement à la vérifier, on peut se demander s'il n'y a pas deux formes de réductionnismes : un réductionnisme nécessaire, naïf, réaction à la nouveauté qu'on cherche à ramener au déjà connu, méthode respectable, inévitable et utile toutes les fois qu'il est conscient et une autre forme de réductionnisme qui n'est qu'une maladie de l'intelligence, qui menace de l'intérieur la psychologie des enseignants et qui est inhérent à la technique même de leur métier. Contre ce réductionnisme-là, le seul remède est aussi la prise de conscience et peut-être le respect de la fameuse prescription de Paul Verlaine

"Prends l'éloquence et tords lui son cou !".

Notes et références

(1) Leçons de physiologie appliquée à la médecine - 1ère leçon, 2 mai 1855, pp. 1 à 7 - pp. 18 à 19. Leçons de physiologie par Claude Bernard, Paris 1856 J.B. Baillère.

(2) Evolution de la physiologie - Leçon d'ouverture du cours de physiologie général au muséum, pp. 5 à 7, semestre d'été 1870.

(3) Discours fait par Paul Bert le 16 février 1878 au nom de la Faculté des Sciences aux funérailles de Claude Bernard, pp. XXVI à XXXII. Claude Bernard - Leçons sur les phénomènes de la vie communs aux animaux et aux végétaux - Paris Vrin, 1966 (1ère édition J.B. Ballière et Fils, Paris 1878).

(4) Encyclopédie de la Pléiade - Médecine, tome I p. 16.

(5) Je remercie mes collègues Pallardy et Sichère de l'aide qu'ils m'ont apportée dans mes recherches.

(6) The rise and fall of surgery for the "floating" kidney - British Médical Journal - n° 6420 - vol. 288 - 17 March 1984 - Douglas L. Mc Whinnie, David N.H. Hamilton.

(7) Application de la méthode naturelle à l'analyse de la dyspepsie nerveuse. Détermination d'une espèce : l'entéroptose mars-avril 1885 Lyon Médical - Communication à la Sté Médicale de Lyon.

Exposé sommaire du traitement de l'entéroptose - Lyon Médical - juin-juillet 1887.

De l'entéroptose journal des praticiens, conférence faite à l'hôpital (Necker Pr. Huchard) 8 mai 1901.

La théorie entéroptosique du rein mobile. Progrès médical n°2 - 11 janvier 1902.

De la sangle pelvienne contre l'entéroptose - Revue des maladies de la nutrition - Paris Félix Alcan, 1905.

De la "phrénoptose" phrénoptose et cardioptose - Revue des maladies de la nutrition - Félix Alcan, 1905.

Exploration méthodique de l'abdomen dans les maladies de la nutrition (hépatisme) - Frantz Glenard - Paris Masson, 1894.

Caractères objectifs et diagnostic du rein mobile (néphroptose) - Masson, 1896.

Bouveret - traité des maladies de l'estomac, chapitre 4, l'entéroptose ou maladie de Glénard - Paris Baillère, 1893 - p. 379.

Lucas Champonnière - Le rein mobile et la néphrorraphie - Journal des praticiens - 9 janvier 1904.

(8) Cinquième session de l'association française d'urologie sur la néphroptose - Paris, 1901 - Octave Doin Editeur, Paris, 1902.

(9) Rapport "des Ptoses" fait le 14 mai 1903 devant les Sté de médecine de Paris, la Sté médico-chirurgicale et la Sté de médecine et de chirurgie pratique - Félix Alcan, Editeur.

(10) Bouchard - Sté médicale des Hôpitaux de Paris, 1884 - 13 juin - p. 226.

(11) A propos de la chirurgie chez les aliénés - Psychoses et névropathies Progrès médical n° 6 - 8 février 1902.

(12) Communication du 3 avril 1914 - Bulletin et Mémoires de la Sté Médicale des Hôpitaux de Paris - pp. 668-683.

(14) Albert Robin - Maladies de l'estomac, Paris Rueff, 1900 - p. 753 à 770.

(15) Les erreurs auxquelles donnent lieu la lombalisation et la sacralisation - C. Roederer - Bulletin et mémoire de la Société de Médecine de Paris - 24 novembre 1934.

(16) Rechercher une autre cause véritable de la douleur - Spondylolisthésis - S. de Seze et J. Durieu - Semaine des Hôpitaux n° 14 - 28 juin 1947.

(17) Sacralisation douloureuse. Les anomalies transitionnelles de la charnière lombosacrée - S. de Seze et Y. Saloff - Semaine des Hôpitaux n° 16 - 28 février 1951.

(18) Dystrophie vertébrale de croissance et lombalgie - Serre - Barjon et Simon - Progrès médical n° 5 - 10 mars 1963.

(19) Les dystrophies rachidiennes de croissance chez l'adulte problème de diagnostics et incidences médico-légales - C. Guérin et R. M. Sichère Revue de rhumatologie 1964 n° 31.

(20) Pathologie vertébrale et équitation - Dr. R. M. Sichère et A. Allemandou Journées de Bichat, 1978.

(21) L'hyperoptose frontale interne. Etude critique du syndrome de Morgagni-Morel, Séance du 18 janvier 1952 de la Sté médicale des Hôpitaux de Paris. Bulletins et mémoires, 1952, tome 68, pp. 107 à 114.

(22) François Dagognet - La Philosophie de l'image - Paris Vrin, 1984.

(23) Protéinuries et personnel navigant de l'aviation civile - H. Pequignot
      Revue de Médecine aéronautique et spatiale - n° 44 - 1972 -
Société Française de physiologie et de médecine aéronautique et cosmo-
nautique. Séance du 24 juin 1972.

(24) G. Canguilhem - Le normal et le pathologique - Paris P.U.F., 1966.

(25) Georges Guillain - J. M. Charcot - Sa vie, son oeuvre - Paris
Masson, 1955.

LA RELIGION QUATRE FOIS REDUITE PAR LA SCIENCE

par

Emile Poulat

Dans son manuscrit inédit de 1865-66, publié par Jacques Chevalier en 1937, Claude Bernard distingue "trois degrés dans la connaissance de l'homme" : la religion, la philosophie, la science. Ou, en d'autres termes, croire, raisonner, expérimenter. Dans l'ombre, Auguste Comte et sa fameuse loi des trois états. Plus exactement, on est tenté de dire : "modèle Comte modifié Bernard", et modifié en profondeur sous l'apparente similitude. Pour A. Comte, un état chasse le précédent ; pour Cl. Bernard, chacun conserve sa nécessité et son domaine de validité. Pour l'un la science élimine, pour l'autre elle apporte. A un réductionnisme absolu, se substitue ainsi un réductionnisme relatif mais cependant généralisé : l'esprit scientifique a vocation universelle (1).

Toute notre querelle du **réductionnisme** me paraît tenir dans le jeu qu'autorise cette représentation ternaire, qui va du blocage complet à des combinaisons nombreuses. Elle est au coeur de notre culture moderne et de tous nos débats contemporains : c'est ce qui lui donne son importance vitale. Je suis tenté de lui trouver un précédent historique du même ordre loin dans le temps et loin dans l'espace : la querelle de **l'iconoclasme** qui, pendant plus d'un siècle, déchira l'Orient byzantin et se termina en 843 par "le Triomphe de l'Orthodoxie". Notre querelle est tout aussi "byzantine", ni plus ni moins, avec sa redoutable complexité et un enjeu analogue. Si l'icône se réduit à une figure peinte sur un support matériel, comment sa vénération (proskynèse) est-elle légitime sans idolâtrie ? Et que peut être une icône qui ne se réduise pas à son image imagée ?

Ce qui était en cause à Constantinople, voici un millénaire et plus, ce n'était pas la question de **Dieu dans l'art** mais de l'artefact humain et de la réalité divine, du statut de l'image religieuse en doctrine chrétienne : il ne s'agissait pas d'art dirigé, du contrôle doctrinal des artistes, mais du Dieu révélé et incarné (2). L'Occident chrétien ne s'est jamais beaucoup passionné pour ce problème, qu'il n'a jamais résolu, qu'il a considéré comme n'en étant pas un, et dont il commence aujourd'hui à soupçonner les implications. En revanche, à partir du XIIème siècle, sa propre évolution l'a engagé dans un processus et un destin qu'il n'a pas encore réussi à maîtriser.

De cette évolution, l'**icône** et la **science** peuvent être considérées comme les deux bornes idéales, les deux termes - a quo et ad quem - symboliques. Si l'Evangile est né dans un monde où la **nature** et l'**histoire** existent en Dieu, l'Eglise vit dans une société où celles-ci se sont affranchies de Dieu et constituées sans lui. Le chemin parcouru, qui fut long, tourmenté et parfois dramatique, nous est devenu difficile à imaginer, plus encore à mesurer, tant les "croyants" ont fini cahin-caha par se faire aux habitudes mentales de ce nouveau monde.

Certes, parmi eux, rares sont les vrais esprits scientifiques, plus nombreux sont les techniciens, mais ils sont chez eux sans problème dans cet univers techno-scientifique et, s'ils ont fait une place à l'icône dans leur musée imaginaire, c'est en réduisant sa réalité à leur culture. J'ai pourtant rencontré l'exception - un hapax ? - qui confirme cette assimilation : elle supposait l'extrême intransigeance, le regard d'aigle d'un "chrétien johannique" comme Alphonse de Chateaubriand, le romancier, dans son livre posthume, **Itinerarium ad lumen divinum**, dont le chapitre IV esquisse cette "évolution de l'esprit hors de Dieu" depuis le Moyen Age (3).

Ni cet univers perdu ni même sa perte ne sont ici de mon propos, mais il était essentiel de les évoquer. Leur ombre ne cesse de planer sur cette querelle du réductionnisme et, à refuser de la voir, on ne peut que jouer aux dés pipés. Tout au long du siècle dernier (et même dans le nôtre), les autorités catholiques n'ont cessé de dénoncer "l'athéisme social" et "l'athéisme scientifique" (ou "historique"). Cet athéisme ainsi visé, ce n'était pas que se multiplient les incrédules dans la population ou parmi les savants, mais que la société, la science, l'histoire prétendent opérer sans référence à Dieu, sans appel à une transcendance, dans la pure immanence de leurs principes.

Pour être exact, le scandale n'était pas qu'elles le prétendent - signes d'un orgueil humain venu de loin -, mais qu'elles y voient une nécessité au nom du progrès et de la vérité, deux valeurs dont l'Eglise se sentait détentrice de droit divin. Cet athéisme objectif, distinct de la somme des athéismes personnels, apparaissait ainsi comme la grande Tentation du "monde moderne", à la fois perversion et déviation : au bout de l'aventure, l'impasse ou la catastrophe. Il exigeait une réaction sans faiblesse dont la conception prit une triple forme : une "société chrétienne", une "science catholique", une "histoire eschatologique". Par cette réaction, l'Eglise témoignait que cet exode de l'esprit hors de Dieu n'était pas universel et se confortait dans la certitude qu'il n'était pas plus inéluctable qu'irréversible. Et tout observateur attentif peut montrer qu'aucune de ces trois controverses n'est éteinte, que chacune demeure bien vivante : société chrétienne et science catholique comme histoire eschatologique.

Le réductionnisme remet donc en cause le statut traditionnel de la **vérité**, et c'est ce qui rend impossible de le réduire lui-même à sa décomposition en questions ponctuelles. La nouvelle vérité se situe dans l'ordre du **nombre** et du **phénomène**, qui renvoient l'un à l'autre sur fond de **révolution**. Ce n'est pas un hasard si nombre évoque Rousseau et phénomène Kant : deux hommes proches, paradigmes pour l'Eglise catholique de la subversion intervenue, qui éclate dans la Révolution française. La société n'est plus qu'un phénomène d'opinion soumis à la loi du nombre ; la science s'en tient à ce que ses équipements, ses techniques et ses méthodes lui permettent d'établir ; l'histoire, qui garde un sens (provisoirement) mais dont Dieu disparaît, se borne au jeu de ses acteurs et de ses facteurs. Il n'y a de science que dans une vision "désenchantée" du monde (Max Weber), par exclusion des questions premières ou dernières, dans l'éclatement des disciplines et un renoncement à toute compréhension globale, même si subsiste le rêve de l'unité de la science et d'une théorie unitaire de l'univers.

Dès lors, se pose le problème de la relation entre vérité traditionnelle et nouvelle vérité : ou bien conflictuelles (et donc mutuellement exclusives), ou bien parallèles (et donc sur des plans séparés), ou bien hétérogènes (de l'une à l'autre, le mot a changé de sens, la continuité du vocabulaire dissimule et entretient le malentendu). Or, le plus souvent, ces trois options possibles ont fonctionné en régime bloqué, en raison de la manière dont la vérité traditionnelle se percevait elle-même comme intégrale, supérieure, inerrante et définitive. Elle était l'étalon de toute vérité qui aspirait à ce label, à cette appellation contrôlée, dans le temps où, pour se produire, la nouvelle vérité devait s'émanciper de cette prétention pour ne dépendre que de ses propres critères.

De là une **critique externe** de la vérité catholique, vécue sur le mode d'une **crise interne**, qui culminera avec la condamnation romaine des "erreurs modernistes" (1907). La leçon de cette crise fut l'expérience d'une triple impossibilité : l'Eglise ne pouvait ni abandonner la science à elle-même en ignorant tout de ses acquisitions, ni tout accepter d'elle sans discrimination, ni espérer faire retour au temps primordial de l'esprit en Dieu. Accepter "l'autonomie des réalités terrestres" - et, parmi elles, de la recherche scientifique -, ce n'était pas seulement faire la part du feu, se résigner à l'inévitable advenu ; c'était aussi entrer dans un rapport inédit avec une réalité insolite ; c'était inaugurer en son sein un nouveau temps historique, intellectuel et religieux dont lui manquait l'**expérience réfléchie.**

Tout passe ici par une réduction acceptée et non seulement subie, qui a nom disqualification. Devant ce monde nouveau sorti du cerveau humain - à la fois construction mentale et construction sociale -, l'Eglise garde son droit de critique entier, mais elle renonce à l'exercer au nom d'un savoir antérieur et normatif dont elle serait la dépositaire, au nom d'un contre-savoir opposable au nouveau savoir. Elle accepte que, par rapport aux critères scientifiques de "vérité", la foi qu'elle confesse prenne figure de non-savoir, même si, du principe à sa mise en oeuvre, l'opération dénude des complexités inattendues.

La foi chrétienne, en effet, a nécessairement un contenu, de l'ordre d'un savoir qui s'apprend et se transmet. Or de ce savoir, nous avons deux images contradictoires et inséparables : d'une part, au cours des siècles, il s'est gonflé en s'amalgamant à toutes les cultures qui l'ont véhiculé ; d'autre part, aucune tentative pour le délester de cet apport, le réduire à son essence ou à son noyau n'a jamais donné satisfaction. Ainsi, par rapport au savoir méthodique de la science, le non-savoir de la foi oscille d'un savoir périmé à un sursavoir impossible à isoler dans sa pureté.

Pendant longtemps, on a vu s'affronter le savant non-croyant et le croyant non-savant. Ces figures extrêmes avaient le mérite de la simplicité, comme dans les chansons de geste. Elles ne doivent pas faire méconnaître que le savant croyant a toujours existé, mais elles rappellent opportunément que cette tierce figure n'a jamais, par elle-même, fait avancer d'un pouce la solution des problèmes ici évoqués, qui passe non par l'attestation personnelle mais par leur traitement rigoureux.

Y a-t-il aujourd'hui plus - ou moins - qu'hier des savants croyants ? C'est difficile à dire et ce n'est pas la question. En revanche, quand on pense à l'étroitesse des relations entre Renan et Berthelot - le philologue et le chimiste -, ce qui frappe, c'est la fracture entre "sciences exactes" et "sciences humaines" (ou, comme on l'entend dire, entre sciences dures et sciences incertaines ou inexactes). Cette conception restrictive de la "science" permet aux représentants catholiques des premières de court-circuiter les secondes pour rejoindre directement les théologiens dans une conviction commune : le contentieux entre "la science" et "la foi" appartient désormais au passé. Les objections contre l'enseignement catholique tirées principalement de la cosmologie, de la géologie ou de la paléontologie ont fini par trouver une solution satisfaisante : il suffisait de les porter au compte de l'ethnoscience biblique pour dissoudre la tenace incompatibilité. C'est oublier celles qui sont nées de la philologie, de l'archéologie, de l'ethnologie, de la sociologie. C'est oublier surtout le judéo-christianisme mis à nu par la critique historique et, plus généralement, que la science moderne ne se réduit pas à l'expérimentation ou à l'observation, mais qu'elle passe par une critique de la raison, de l'expérience et de la connaissance.

La science est par définition expansive et conquérante. Après la **nature**, elle en est venue à prendre l'**homme** pour objet, en tant qu'il appartient à la nature et en tant qu'il relève d'une culture, l'homme en tant qu'il est produit et en tant qu'il est producteur, son oeuvre et son histoire, ses fonctions psychologiques, ses activités artistiques et religieuses elles-mêmes... Chaque science a ses méthodes propres, son fonds commun d'exigences partagées. Entre sciences de la nature et sciences de la culture, on peut noter de grandes différences dans l'état d'avancement, voire dans la maîtrise des procédures et le sérieux des travaux - ce qu'on appelle le degré de "scientificité" -, mais aucune dans la définition de la visée. On peut penser qu'il existe une illusion dans cette identité professée, revendiquée, qu'il y a dans l'homme une réalité spécifique - sa liberté, son intelligence, l'esprit - qui excède la nature même vivante. Mais l'acceptation de ce postulat risque à son tour d'entraîner dans une double illusion : d'abord, que la science a la capacité d'épuiser la nature sans résidu aucun ; ensuite, que ce surcroît qui fait l'homme échappe à toute prise objective.

La difficulté stimule l'invention : on a ainsi vu naître des sciences de l'opinion, du futur, du jeu et même de l'imaginaire, qui intègrent l'incertitude, la négociation, la stratégie, le désir, le fantasme, l'action... On a vu se développer une mathématique des faits sociaux et, encore timide, une expérimentation sur les groupes sociaux. Mais cet effort sans fin n'est pas sans limites. La science n'est pas Dieu : elle est un art de la connaissance dans le temps, qui construit la représentation de son objet, pas à pas et à coup de reprises successives, mais elle ne le crée pas. Sa vérité n'est pas dans l'**adéquation** à son objet (et, en ce sens, elle n'est plus la vérité selon saint Thomas), qui demeure irréductible à un système d'équations ou de propositions, d'axiomes et de formules. Elle ne cesse d'agrandir son horizon, mais elle ne sort pas de son observatoire-laboratoire, où règne une discipline quasi monacale : la clôture et les trois voeux, cohérence, validation, efficacité. De la réalité idéale du cosmos à une encyclopédie du savoir universel, il y aura toujours l'abîme infranchissable de l'être à la connaissance.

Dans ces conditions, les religions - le phénomène religieux, les faits religieux - ne pouvaient échapper à l'appétit des sciences humaines. Jusqu'à la sécularisation de nos sociétés, elles sont un élément central et une dimension essentielle de toute culture. Elles ont tenu et continuent de tenir une grande place dans l'histoire de l'humanité. Apparues à la fin du XVIIIème siècle, les "sciences religieuses" se sont ainsi instituées au siècle dernier dans un contexte inévitablement conflictuel. Elles naissaient dans une période de division et de transition, appelées par une sécularisation suffisante de la culture pour qu'elles soient pensables, contrecarrées par une sacralisation rémanente de la société qui garantissait aux "cultes" une position officielle dans la vie publique. Elles devaient se tailler leur domaine dans un espace jusqu'alors monopole des religions établies, obtenir la reconnaissance de leur légitimité comme science et de leur spécificité comme entreprise par rapport à celles-ci, gagner leur procès sur tous les points où leurs recherches positives les mettaient en contradiction avec un enseignement religieux.

L'irénisme des savants et leurs précautions de langage pouvaient y aider, mais non annuler les désaccords de fond, que surdéterminait, de part et d'autre, l'intransigeance d'un véritable **Kulturkampf**, "les deux France" - catholique et laïque, cléricale et anticléricale - affrontée en une interminable guerre de religion. On serait aujourd'hui porté à s'en débarrasser d'un sourire, étayé sur un sottisier bien fourni à part égale par la politique, la science et la religion : assurance ou passion, trop souvent "la réalité dépasse la fiction". Mais cette réalité polémique ne doit pas offusquer une autre réalité : le sérieux des problèmes soulevés, à la fois par la difficulté à les résoudre, par l'étendue de leurs implications et par les conséquences à en tirer.

Au regard des croyants orthodoxes - catholiques ou protestants -, les jeunes sciences religieuses n'étaient pas seulement hérétiques, mais proprement **déicides**. Elles ne pouvaient, en effet, se constituer qu'en se posant par rapport aux religions comme drastiquement **réductrices**. Avec un peu de mémoire, on aurait dû se souvenir que les sciences de la nature - astronomie, physique, biologie - avaient ouvert la voie, s'allégeant de notions clés mais désormais superfétatoires et même entravantes, telles création, cause première, éternité, infini, et même vie... Comment donc oublier que la science moderne est née d'une rupture - par réduction - avec l'univers religieux d'un monde chrétien, dont Koyré a su montrer la considérable dépense intellectuelle qu'elle avait exigée ?

Les savants ont fait leur travail, de Copernic à Laplace en passant par Newton, tous trois personnellement croyants. Au terme, Kant a théorisé cet effort collectif : il n'y a de science que du phénomène et du vérifiable par l'expérience dans les limites de la raison. Le Noumène n'est pas encore pour lui "l'inconnaissable" évanescent de Spencer, mais le domaine réservé de la foi et de l'éthique. Le moment fondateur de la science passe par cette séparation.

Kant exprimait ainsi en termes philosophiques le nouvel esprit scientifique - quand la science est devenue la science au sens moderne, qui se différencie du sens médiéval -, que nous avons remodelé mais jamais désavoué. En ce sens, si nous ne sommes pas nécessairement kantistes, nous sommes bien tous kantiens : il ne peut plus y avoir pour nous de science que "positive" (d'expérience en expérience), et non plus "spéculative" (de cause en cause). La condition de possibilité de toute science, c'est le principe de réduction qu'elle postule au départ de sa construction et dont la légitimité ne se démontre que par sa fécondité, donc a posteriori. Par là, elle se distingue non seulement de la vision biblique des Eglises chrétiennes, mais aussi de la tradition hermétiste des sciences occultes (que tout concourt à effacer de notre culture, sauf à voir dans l'alchimie - Berthelot - l'enfance de la chimie). Mais elle oublie souvent que ce principe n'est pas univoque, qu'il peut s'entendre à trois niveaux : méthodologique, épistémologique, idéologique.

La réduction épistémologique, c'est celle que thématise Kant, frappé par les caractéristiques révolutionnaires de la science newtonienne et en tirant les conséquences philosophiques. La réduction méthodologique, c'est celle que pratique tout chercheur qui ne s'attend pas à trouver l'âme au bout de son scalpel s'il est chirurgien, ou à rencontrer Dieu dans l'espace s'il est cosmonaute : on ne peut demander à une procédure plus qu'elle ne peut donner et, par exemple, à des statistiques de pratique cultuelle, de "mesurer la foi", ou à des textes pris "au pied de la lettre" de s'identifier à la vérité. La réduction idéologique est plus radicale : elle tient pour inexistante ou imaginaire ce qui se présente à elle comme une réalité.

Aucune de ces trois réductions n'est naturelle à l'esprit humain. Chacune suppose des conditions culturelles. Si, entre deux groupes sociaux, les références culturelles diffèrent, c'est inévitablement le conflit dans chaque cas soulevé. L'histoire religieuse depuis un siècle et demi abonde en exemples qui illustrent parfois avec pittoresque, cet affrontement des "deux France" jusque sur le terrain du travail scientifique au nom de la vérité objective dont tous se réclament.

De là d'interminables débats, qu'un rien monte en polémiques, et, à la longue, une évolution des esprits, qui finissent par se rapprocher sans pourtant se rejoindre : la discussion scientifique reste toujours surdéterminée par le spectre théorique de cette triple réduction. La difficulté de fond tient à ce que les trois formes ici distinguées, isolables en droit, le sont rarement de fait et, le plus souvent, interfèrent allègrement entre elles. Il ne faut pas compter réconcilier les adversaires. Le problème, qu'on ne peut éluder, se ramène donc au rapport entre propositions scientifiques, à vocation de vérités universelles, et divergences insurmontables, à prétention de vérités définitives : objectivement extrinsèques les unes aux autres, elles se trouvent subjectivement intriquées au point d'être difficilement séparables.

La question devient ainsi : est-il possible, et comment, d'oeuvrer scientifiquement avec une objectivité qui fasse droit aux requêtes de tous ordres émanées de la subjectivité des acteurs sociaux ? Entre eux, les savants pratiquent une interobjectivité fondée sur le partage d'une même critériologie. Comme citoyens, comme acteurs sociaux, ils acceptent nécessairement le langage de l'intersubjectivité. On put croire, un temps, que la supériorité du premier langage viendrait à bout du second. Illusion : s'il peut l'influencer, agir sur lui, il ne saurait ni s'en affranchir ni moins encore le réduire ; c'est lui l'englobé et l'autre l'englobant. Le tréfonds de la difficulté, en effet, est bien là : s'il est beau et bon de travailler à l'avancement de la science, **que fait-on quand on fait de la science** ? On est renvoyé à la connaissance, dont elle est la forme opératoire et critique la plus rigoureuse, mais qui est elle-même ordonnée à l'homme vivant et agissant dans l'histoire en société.

Ici survient et s'impose un quatrième type de réduction, moins familière, moins pratiquée, à laquelle je me suis systématiquement astreint dans mes travaux dès le début de ma carrière, sans doute parce que leur nature m'exposait en première ligne : la réduction déontologique. Par cette expression, j'entends une autocensure et une autocritique, un contrôle perpétuel de soi qui impose de se forger une manière de dire, un langage - mots et phrases - dégagé, autant que faire se peut et que l'exige la situation, de cette seconde nature que cultive toute communauté d'appartenance. Nous véhiculons tous un monde d'évidences et de présupposés, que Montesquieu a épinglé avec son fameux "Comment peut-on être Persan ?"

Nous avons fini par apprendre que le goût n'était pas le même à Athènes et à Versailles, comme s'en flattait Racine. Nous avons découvert la couleur locale, la différence des temps et des cultures, l'altérité : comme un exotisme fascinant mais traumatisant, que nous n'avons pas encore vraiment intériorisé et qui contrarie notre invocation à l'universel. Mais il s'agit ici, d'autre chose, où l'autre n'est pas le lointain, mais le prochain, mon voisin.

Si toute société est inséparablement consensuelle et conflictuelle, comment en parler quand on lui appartient sans être implicitement, inconsciemment **partisan**, sans prendre parti dans un sens ou dans l'autre non à la suite d'un jugement motivé, mais par la simple manière dont on en parle indépendamment de ce qu'on en dit ? Comment échapper à la pensée réflexe et au langage automatique, à ces montages - Bourdieu parle **d'habitus** - qui trahissent notre origine, notre éducation et notre milieu ? Comment ne pas se laisser réduire à la condition de porte-parole et d'interprète ? Dans un pays divisé de croyances et même par l'incroyance, dans une communauté scientifique qui a le culte du fait établi dans sa positivité, comment traiter objectivement de la religion sans préalable personnel, donc subjectif ? Puisqu'elle revendique une transcendance que les croyants déclarent constitutive et les incroyants abusive, mais qui, de toute façon, excède l'objet propre de la science, comment en parler scientifiquement sans la déformer ou la mutiler, sans, indûment, la naturaliser (côté croyants) ou la surnaturaliser (côté incroyants) ? N'est-ce pas la quadrature du cercle ? Mais que devient la science si la guerre de religion doit suivre inexorablement son cours ?

On connaît la réponse de Georges Dumézil. Elle montre un homme embarrassé, qui a les moyens de s'en tirer, plus qu'une pensée claire :

" Je n'écrirai jamais une ligne sur l'essence des religions... Je ne suis
" pas **croyant** au sens occidental du mot, mais cela n'a aucune impor-
" tance, aucun rapport avec mes recherches... J'estime ne pas être en
" mesure de résoudre les problèmes que pose le christianisme parce que
" **je suis dedans...**" (4). Ce texte mériterait de longs commentaires : il
témoigne d'un irénisme louable, qui recourt à la fuite et à l'absten-
tion. Ce n'est pas ce qu'il nous faut.

    Pour ma part, je tiens que nous pouvons dépasser aussi bien cet
état de guerre que cette attitude d'évitement, et que telle est même
la condition pour constituer une véritable science dans le domaine
religieux. La voie passe par une hygiène sévère du langage, sémantique
et stylistique. Tout savant sait qu'on ne peut pas écrire n'importe quoi ;
il doit être sensible au fait qu'on ne peut pas écrire n'importe comment
et que la manière de dire importe à la vérité de ce qu'on dit. N'oublions
jamais, dans **La femme du boulanger** de Pagnol, le dialogue de l'instituteur et du curé : "Jeanne d'Arc crut entendre des voix... - Non,
Jeanne d'Arc entendit des voix". L'un nie ce que l'autre cautionne,
chacun au nom de la vérité selon qu'il la conçoit, à travers son idée du
fiable et du crédible. C'est court et c'est pauvre, comme Marc Bloch a
su le montrer dans **Les Rois thaumaturges.** Ce ne peut être un langage
d'historien ni de sociologue. Mais il intervient à tout propos dans
l'immense corpus de cette **quaestio disputata** - longtemps et toujours
quaestio vexata - de ce que la tradition catholique considère comme
des "faits historiques surnaturels" : groupe fort disparate, il englobe
tout ce qui manifeste l'action de Dieu dans l'histoire, étendue à celle
de la Vierge, des anges, des saints et même des démons. Le merveilleux
et le légendaire y côtoient le dogmatique, apparitions et miracles y
voisinent avec la Résurrection : le problème, on le voit, n'est pas
seulement d'ordonner, de trier, d'élaguer, mais d'abord de bien s'accorder
sur ce qu'on entend par preuve historique et sur ce qu'elle peut établir.

    Longtemps, on a tenu pour preuve suffisante les documents authen-
tifiés. Mais ce qu'avance un document n'est jamais une preuve, et
preuve en est que les documents se contredisent entre eux, qu'on y
trouve affirmé tout et le contraire de tout. A ce point, nous retrouvons
Kant et la réduction épistémologique : tout serait simple si la **critique
du document** se suffisait à elle-même et permettait de conclure sans
appel au lieu de renvoyer à une **critique de la raison** qui présuppose la
science mais la déborde. S'il n'y a pas d'expérience cruciale, l'histoire
religieuse suffit à convaincre qu'il n'y a pas davantage de critique
cruciale.

    A défaut, y a-t-il un langage acceptable pour tous ? Renan l'avait
cru en 1862, dans sa leçon d'ouverture au Collège de France. Sa chaire
l'obligeait à parler de Jésus : "un homme incomparable, si grand que je
ne voudrais pas contredire ceux qui, frappés du caractère exceptionnel
de son oeuvre, l'appellent Dieu". Ce fut, dans le monde catholique, un
tollé qui aboutit à sa destitution par le ministre (lequel ne pensait
guère autrement). Sommes-nous devenus plus tolérants, ou plus indifférents ? C'est affaire d'observation sociale. Sur le plan d'une réflexion
intellectuelle, la question est ailleurs : comment en parlons-nous dès lors
que les origines chrétiennes entrent dans le champ d'une étude scientifique,
sans qu'intervienne la distinction (désuète et métascientifique, datée

mais motivée) entre "science catholique" et "science incrédule" ?

En d'autres termes, jusqu'où et en quel sens n'y a-t-il qu'une seule science des origines chrétiennes comme il n'y a qu'une seule mathématique (R. Aubert) ? Jusqu'où les sciences religieuses peuvent-elles se constituer indépendamment des convictions religieuses dont chacun entend légitimement se réclamer ? Jusqu'où la positivité des sciences religieuses peut-elle faire droit au caractère divin que revendiquent les religions historiques et à la foi que confessent leurs adeptes ? (5). Trop de problèmes sont ici impliqués et ont été compliqués comme à plaisir pour qu'on puisse imaginer les résoudre d'un tour de main. Du moins commence-t-on à voir dans quelle direction ils peuvent être résolus : à partir de dossiers précis, traités avec rigueur, dans un langage réorganisé.

Les sciences de la nature visent l'**univocité**, qu'elles attendent d'un langage mathématisé, formalisé, axiomatisé, dont elles ont découvert les difficultés, voire les impossibilités : il n'y a d'univocité que régionale. Les sciences de l'homme et de la société, mues par la même ambition, se heurtent à un phénomène particulier : la communication. Entre les acteurs de l'histoire et l'auteur qui l'écrit, la distance est insurmontable, mais tous recourent également au langage par nature multivoque. Dès lors, l'écriture doit ménager aux lecteurs une **biréfringence** du texte : dans le langage de l'auteur doit toujours s'inscrire celui des acteurs, au lieu que le premier étouffe et dévore les seconds au nom de la vérité objective qu'il a méthodiquement conquise sur leur vécu subjectif.

Le **soupçon** est à la mode. On ne le prendra pas pour le tout et un autre nom de la **critique**. Il n'est que l'envers ou l'inverse de la participation : deux manières pour l'auteur d'investir sa subjectivité propre à l'égal des acteurs, dont il reste, dans sa position spécifique, et donc passible à son tour de ce même soupçon. **La** critique ne se divise pas : elle implique **le** critique au premier chef et c'est ce qui fait sa limite : une insurmontable relation d'incertitude.

S'impose donc une troisième critique fondamentale : après celles du document et de la raison, celle du langage, dont l'absence explique bien des embarras. Pagnol, son instituteur et son curé. L'historien, le sociologue ne peuvent s'identifier ni à l'un ni à l'autre, ni s'interposer entre eux en arbitres : ils ont à concevoir un langage où situer les langages dans lesquels chacun s'affiche, à construire le système de leurs relations et de leurs stratégies, de manière à tout entendre sans rien s'approprier, à bien comprendre sans nécessairement adhérer. Principe d'exclusion : le savant et son objet ne peuvent occuper ensemble la même position : l'irréductible séparation entre eux est au fondement de la réduction cognitive qui est la loi de leur rapport. Le savoir est un levier : il a fini par admettre que sa raison n'est pas d'égaler le monde mais de l'éclairer pour agir sur lui.

Ici surgit la grande querelle fourchue du **positivisme** : pour son fondateur, A. Comte, système des connaissances positives, bientôt couronné d'une religion de l'humanité ; pour ses adversaires positivistes (par exemple, E. Littré), refus de cette religion au bénéfice d'un positivisme scientifique ; à l'étape suivante de la réflexion épistémologique, une volonté de dépassement et de dégagement, dans la conscience que la science est capable d'aller plus loin, que sa conception positiviste représente une réduction de ses possibilités ; enfin, continûment, face à tout ce "scientisme", l'opposition théologique à cette mise à mal de son domaine, à cette intrusion dans sa positivité dogmatique.

Les théologiens se fondaient sur la réalité de "faits dogmatiques". Les savants, quant à eux, s'en tenaient aux "faits d'expérience", mais, théorie de ce projet, le positivisme avait fini par leur apparaître comme une spéculation qui avait poussé sur leur pratique, et n'était plus à sa mesure, qui la freinait sans rien lui apporter (6). Or, à son tour, la communauté de pratique fourchait sur des formules qui pouvaient paraître se contredire selon les problèmes, les adversaires ou les priorités. Ainsi la célèbre formule de Ranke sur le **fait** historique : " Wie es eigentlich gewesen ist", les choses comme elles ont réellement été, grâce au pouvoir séparateur de la critique dans la masse confuse de tout ce qui prétend à ce titre. Et celle de Cl. Bernard, citant Chevreul : "Les faits eux-mêmes ne sont que des abstractions" (7).

Entre théologie et science, le litige était frontal, donc clair : "La connaissance est toujours quelque chose d'a **posteriori**... La source unique de notre connaissance est l'expérience", comme le dit encore Cl. Bernard (8) Sur le plan de l'épistémologie, il est autre, beaucoup plus flou : quelles sont les ressources de l'expérience et jusqu'où permet-elle d'aller ? Sur cette distinction se greffe une question subsidiaire dont nous avons aujourd'hui perdu le sens et le souvenir, tout naturellement remplacés par l'anachronisme. Positivisme n'est pas matérialisme mais, jusqu'aux années 1880, spiritualisme. Un spiritualisme convaincu, qui se conjugue avec son hostilité au théologisme catholique. Professeurs au Collège de France, Cl. Bernard, M. Berthelot, E. Renan sont tous trois spiritualistes, et il vaut de relire l'échange de lettres - écrites en 1863 mais destinées à la publication - entre les deux derniers sur ce sujet (9).

Berthelot croit à l'unité et à l'efficacité de la science : "La " méthode qui résout chaque jour les problèmes du monde matériel et " industriel est la seule qui puisse résoudre et qui résoudra tôt ou tard " les problèmes fondamentaux relatifs à l'organisation des sociétés". Or, pour Renan, une grave question se pose qui n'est pas d'intérêt spécu- latif mais social : "Les vieilles croyances au moyen desquelles on aidait " l'homme à pratiquer la vertu sont ébranlées et elles n'ont pas été " remplacées. Pour nous autres, esprits cultivés, les équivalents de ces " croyances que nous fournit l'idéalisme suffisent tout à fait, car nous " agissons sous l'empire d'anciennes habitudes... Nous vivons de l'ombre " d'une ombre. De quoi vivra-t-on après nous ?" Berthelot renverse la question. Le sentiment du bien et du mal, la notion du devoir ou de liberté sont des **faits** primitifs, indépendants des divers systèmes d'idées auxquels on peut les rattacher : aucun raisonnement ne saurait les ébranler. Ainsi s'ouvre pour la pensée, au-delà de toute science positive, un domaine inaccessible mais nécessaire, celui de la **science idéale**. La métaphysique n'est pas vaine : "Elle renferme un certain ordre de " réalités, mais qui n'ont pas d'existence démontrable en dehors du " sujet... La science positive n'embrasse qu'une partie du domaine de la " connaissance... Jamais elle n'aborde les relations du fini avec l'infini". Ce n'est pas une raison pour "chasser du domaine de la science" les problèmes qu'elle ne peut résoudre avec certitude et "en abandonner la solution au mysticisme".

" Au sommet de la pyramide scientifique viennent se placer les
" grands sentiments moraux de l'humanité dont l'ensemble constitue
" pour nous l'idéal. Ces sentiments sont des faits révélés par l'étude de
" la nature humaine : derrière le vrai, le beau, le bien, l'humanité a
" toujours senti, sans la connaître, qu'il existe une réalité souveraine
" dans laquelle réside cet idéal, c'est-à-dire Dieu, le centre et l'unité
" mystérieuse vers laquelle converge l'ordre universel. Le sentiment
" seul peut nous y conduire, ses aspirations sont légitimes, pourvu qu'il
" ne sorte pas de son domaine avec la prétention de se traduire par
" des énoncés dogmatiques et a priori dans la région des faits positifs"(10).

Cette science idéale ne cache pas son origine kantienne. Berthelot
espère tout sauver en faisant la part des choses, en distinguant deux
sciences, celle des savants - positive - et l'autre qui ne perd pas son
importance pour dépasser leurs moyens. En fait, il a déjà sacrifié, sans
le dire explicitement, tout un pan de celle-ci, le domaine des religions
positives, l'immense fait social et littéraire qu'elles constituent, l'infinie
matière qu'elles offrent à une étude positive, ainsi que l'avait clairement
vu Renan. Depuis cet échange de lettres, les "sciences religieuses" (ou
"des religions") ont pris un développement considérable en se fondant
sur le principe du **réductionnisme**, mais sans que l'application de ce
principe se soit généralisée avec la rigueur et la clarté qui sont de
mise en sciences expérimentales, et sans que sa théorisation dans ce
champ particulier ait dépassé le stade des controverses partisanes.

Catholique d'abord, Charlie Du Bos disait de son ami Jean Baruzi
qui avait succédé à Loisy dans la chaire d'histoire des religions au
Collège de France : "Il ne débouche pas". Ce savant spécialiste de la
mystique, profondément croyant, se tenait en deçà de toute profession
de foi. On peut être savant et croyant, mais en découvrant (ou en
constituant) la religion comme objet, le savant la perd comme sujet, et
il désagrège l'objet religieux que, sujet religieux, il se voit proposer par
son Eglise. Dès lors, l'aventure se complique : sa recherche positive se
trouve entraînée dans un dialogue conflictuel avec un enseignement
traditionnel qui ne peut demeurer bloqué devant cette recherche.

Ce n'est pas seulement au plan **explicatif** que les sciences religieuses menacent les religions historiques, mais d'abord sans doute au
plan **informatif** par tout ce qu'elles découvrent qui était oublié ou ignoré.
Elles sont indiscrètes et curieuses par nature. Elles postulent non que
la religion est mystification ou aliénation, mais que les religions ne
sont pas des maisons de verre, que le phénomène religieux est opaque
comme tout phénomène. Elles proposent une vérité scientifique qui n'est
pas l'antithèse de la vérité religieuse ou sa transposition dans un autre
langage - le sien -, mais l'exploration de l'univers phénoménal où les
religions inscrivent parmi nous leur présence.

Il nous faut à la fois accepter cette réduction insurmontable et
réhabiliter le phénomène aux yeux de la culture catholique qui le
réduit généralement à n'être que le film de l'apparence. Il faut aussi
ne pas réduire le débat à une querelle surannée, raccornie, entre
"science" et "religion", alors que chacune alimente en permanence par
son mouvement interne une "auto-critique de la science" et une "auto-

critique de la religion". Tant de positions théoriques et de dossiers concrets expliquent tant de positions personnelles devant ces questions : cette multiplicité n'est pourtant pas un signe de maturité, bien plutôt de retard et de confusion dans une discussion nécessaire (11).

Notes et références

(1) Claude BERNARD, **Philosophie. Manuscrit inédit.** Paris, Hatier-Boivin, 1937, pp. 1-2.

(2) François BOESPFLUG, **Dieu dans l'art.** Paris, Ed. du Cerf, 1985.

(3) A. de CHATEAUBRIANT, **Itinerarium ad lumen divinum.** Paris, La Colombe, 1956, pp. 175-206.

(4) G. DUMEZIL, entretien dans **Le Monde**, 14.07.1986, avec R. Pol - Droit.

(5) Quand Philippe Levillain intitule son livre sur les évêques **Les lieutenants de Dieu** (Paris, Fayard, 1986), Mgr Jullien, archevêque de Rennes, lui répond : "Lieutenants de Dieu ou sacrement du Christ ?" (**La Croix**, 19 septembre 1986). Pour René Laurentin, le Nouveau Testament ayant été écrit dans la foi ne peut être vraiment compris que dans la foi : "La lumière de la foi est aussi nécessaire à l'exégète que l'ouïe et le sens musical au musicologue" (**Comment réconcilier l'exégète et la foi,** Paris, Oeil, 1984). Depuis un siècle, on le voit, la question n'a guère avancé et reste posée comme une alternative en termes assez rudimentaires. Elle a une forme plus générale que connaissent bien ethnologues et sociologues : vaut-il mieux être dedans ou dehors pour observer et comprendre ? Mais, notions du sens commun, **dedans** et **dehors** montrent vite à un usage scientifique autant de relativité que de labilité : ce n'est jamais qu'une manière de se défendre contre l'autre.

(6) "Qu'est-ce qu'un philosophe positiviste ? C'est un homme qui fait une philosophie avec toutes les généralités des sciences, c'est-à-dire qui raisonne sur ce que font les savants pour se l'approprier... Cette race d'homme est née particulièrement dans la scholastique du Moyen Age et ils en sont les restes... La philosophie est donc le résultat des connaissances et non les connaissances qui sont le résultat de la philosophie" (Cl. BERNARD, **Op. cit.,** p. 35).

(7) **Ibid.,** p. 32. C'est pourquoi "la raison ou le raisonnement seuls sont la source de toutes nos erreurs" (p. 19).

(8) **Ibid.,** pp. 21-22.

(9) Et surtout la seconde : "La science idéale et la science positive. Réponse de M. Berthelot", dans E. RENAN, **Dialogues et fragments.** Paris, Calmann-Lévy, 1876, éd. 1922, pp. 193-241.

(10) **Op. cit.,** pp. XVIII-XIX (Renan) et 208-215, 223 et 229-236 (Berthelot).

(11) Je n'avais encore jamais traité ce thème explicitement. Mais il est présent dans plusieurs de mes travaux antérieurs, à des titres

divers, en particulier : **Catholicisme, Démocratie et Socialisme** (Paris, Casterman, 1977), ch. VII : "L'histoire sainte sans auréole" ; **Eglise contre Bourgeoisie** (Paris, Casterman, 1977), ch. VII : "La guerre des sens" ; **Modernistica** (Paris, Nouvelles Editions latines, 1982), ch. III : "Le catholicisme comme culture" ; **Critique et mystique** (Paris, Le Centurion, 1984), ch. VI : "L'histoire dans les limites de la raison".

REDUCTIONNISME ET RELATIONS INTERNATIONALES

LE CAS DE LEWIS F. RICHARDSON

par

Régis Ladous et Antoine Pellet

Ni bourgeois, ni aryen : anglais

Avant toute référence idéologique ou religieuse, Richardson se définit lui-même comme un anglais. "Je viens d'une famille que les nazis auraient qualifiée d'aryenne et que les communistes auraient appelée bourgeoise, mais que je suis heureux d'appeler anglaise" (**Statistics of Deadly Quarrels**). Il est de cette génération qui a participé à deux guerres mondiales. Mais il n'a jamais accepté de porter les armes : il appartient en effet à une secte qui tient toute guerre pour injuste : les quakers. Profondément indifférents en matière théologique, les quakers font passer l'engagement avant le credo, l'éthique avant le rite. Aide aux chômeurs britanniques, aux villageois de l'Inde, aux victimes du nazisme et du communisme, aux réfugiés politiques, aux prisonniers de guerre : pacifisme surtout : autant de priorités qui rappellent que la secte se veut d'abord, comme l'indique son nom officiel, une Société d'Amis (1)

Si Richardson a tenté de fonder uns science des conflits comme science exacte, c'est sans aucun doute pour "favoriser les conditions de la paix" et aider les gouvernements à prévenir ce qu'il appelle les "deadly quarrels", les conflits mortels. Mathématicien et physicien de formation, passionné de chimie et de sciences naturelles, il se consacre à partir de 1910 à la météorologie. Ses travaux lui valent en 1926 le titre de Fellow of the Royal Society - membre de l'Académie des Sciences, dirions-nous en France. Mais la même année, il annonce à ses

---

(1) Voir à ce sujet : Martin Ceadel, "Christian Pacifism in the era of the two world wars", **The Church and the War, Studies in Church History**, vol. 20, Oxford 1985.

collègues qu'il abandonne ses recherches dans ce domaine.

Il consacre dès lors aux sciences sociales tout le temps que lui laissent ses responsabilités pédagogiques. Cela faisait vingt ans qu'il s'intéressait aux statistiques et au comportement des groupes humains. En 1915, alors qu'il était objecteur de conscience, il rédige une note sur "Les conditions pour une paix durable en Europe", et publie en 1919 un article intitulé "Mathematical Psychology of War". Mais jusque -là il avait mené de front sciences dures et sciences sociales. La rupture s'amorce en 1920 : cette année là, Richardson quitte brusquement le Meteorological Office, parce que cette administration passe sous la tutelle du Ministère de l'Air. Un quaker ne sert pas sous l'autorité militaire. Toutefois, en 1922 Richardson publie le résultat de ses recherches en météorologie sous le titre : **Weather Prediction by Numerical Process.** Il apparaît alors comme un novateur. Il aborde en effet les problèmes de prévision du temps avec des méthodes quantitatives en utilisant des équations différentielles, alors que les chercheurs de son temps fondent la prédiction du temps sur la simple récurrence des phénomènes. Malgré cela il connait beaucoup de difficultés. Sa méthode exige un énorme travail mathématique. Ce n'est que trente ans plus tard avec l'appa-rition des machines à calculer et des ordinateurs que ses recherches pourront être appliquées. Richardson est cependant reconnu comme un pionnier par l'ensemble de la profession.

Les difficultés d'ordre méthodologique que Richardson a pu rencontrer dans l'étude de la météorologie ne sont certainement pas étrangères à l'abandon de ces études. Mais c'est aussi pour rester fidèle à sa conscience que Richardson s'est détaché de sa spécialité première pour se consacrer entièrement à l'étude de la guerre en y transposant des méthodes d'analyse et de représentation empruntées à des sciences dures qu'il connaissait bien.

Si Richardson peut être considéré comme l'un des fondateurs de la politimétrie, il est resté en ce domaine un solitaire. Il n'a pas connu personnellement les "social scientists" et "behaviorists" américains, qui l'ont découvert après sa mort survenue en 1953. Ce n'est qu'en 1957 qu'Anatol Rapoport et Stephen A. Richardson présentent ses travaux et sa biographie dans le **Journal of Conflict Resolution.** C'est en 1960, à Chicago, que Rashevsky et Trucco éditent **Arms and Insecurity** et que Quincy Wright et C.C. Lienau éditent **Statistics of Deadly Quarrels,** les deux ouvrages essentiels de Richardson, qui n'avaient jusqu'alors fait l'objet que d'une diffusion confidentielle.

Behavioriste, Richardson ? Dans sa **Sociologie des Relations Inter-nationales** (1), Marcel Merle mentionne Richardson dans un chapitre intitulé "Les applications de la Théorie Behavioriste" et classe le système d'équations de **Arms and Insecurity** parmi les modèles qui constituent le "point d'aboutissement logique de la méthode behavioriste". Cette étiquette est acceptable, dans la mesure où Richardson lui-même s'en est réclamé, et dans un sens très simple, très pratique : "In order to " avoid controversy on what is not essential, I had better tried to express

(1) 2ème éd., Paris, 1976, pp. 111-112.

" the reactions in behavioristic language which makes no reference to " any emotion, base or noble" (1). Bref, il n'y a de science que du phénomène - y compris dans l'étude des comportements sociaux.

L'anti-Aron

L'étude des relations internationales n'est souvent faite que de commentaires. Les véritables analyses, c'est-à-dire celles qui sont soustendues par une méthodologie scientifique, sont rares. Plus grave, le caractère légitime de ces analyses est difficilement reconnu. Les chercheurs deviennent alors de simples spectateurs-commentateurs abusant de l'ambiguité et de la confusion du langage courant. Richardson, opposé à la facilité journalistique dont font usage certains chercheurs, n'a pas hésité à dénoncer la vulgarisation qui conduit à penser que la facilité caractérise la pensée politique (2).

Si l'étude des relations internationales ne peut se satisfaire d'une facilité éditoriale, elle doit, afin d'acquérir le caractère scientifique, respecter certaines méthodes "dures". Le réductionnisme qui a permis à la science de se développer est au centre de celles-ci. Il consiste à vouloir expliquer les phénomènes en les ramenant à leurs éléments les plus simples. Ces entités doivent si possible être élémentaires, c'est-à-dire régies par des relations purement mathématiques. Toutefois, leur objet n'étant pas matériel, les mathématiques ne constituent qu'un langage. Par sa clarté et sa consistance, ce langage se distingue des langages "empiriques". A ceux qui pensent que les mots sont le moyen naturel d'expression, Richardson demande de traduire en mots et résoudre l'équation suivante : $Ax + By + C = 0$... (3). A l'inverse, Richardson avance que la traduction mathématique d'une expression verbale exige un examen si minutieux qu'elle augmente la clarté de la réflexion.

Si Richardson s'élève contre la facilité dans l'étude des relations internationales et propose une approche réductionniste, il ne considère pas pour autant qu'un raisonnement est pertinent parce qu'il est compliqué. Il va jusqu'à admettre que l'abus d'expressions mathématiques peut être néfaste (4). En apportant le label scientifique aux sciences humaines, l'utilisation à outrance des mathématiques crée le risque de vouloir tout calculer sans rien expliquer. Compliquer, enrichir une recherche ne doit pas conduire à voiler la réalité. C'est ainsi que Richardson fixe sa ligne de conduite qui est de ne rien compliquer sans nécessité (5). Cette démarche se fonde sur la nouveauté de l'approche. Si les sciences physiques, par exemple, jouissent du privilège de ne plus

(1) **Arms and Insecurity**, p. 227.
(2) **Statistics of Deadly Quarrels**, p. XXXV
(3) **Id.**, p. XLIV.
(4) **Id.**, p. XLII.
(5) **Id.**, pp. XLIII et XLIV.

avoir à justifier l'utilisation de l'analyse mathématique, les sciences sociales ou humaines doivent constamment justifier leurs démarches en accentuant le côté théorique de l'approche.

Les recherches de Richardson sont doublement motivées par sa volonté de faire progresser la science et par sa quête de la paix. Il est clair cependant que la seconde motivation n'occulte pas la première. Ainsi, Richardson refuse de porter des jugements non fondés rationnellement. Il avoue ne pas savoir quoi condamner avant d'avoir trouvé ce qui était mécanique (1). Il porte donc ses efforts sur les moteurs des conflits, sur leur dynamique. Son hypothèse fondamentale est que le comportement d'un acteur (nation, pays) est déterminé par celui d'un autre acteur (adversaire, ennemi). Autrement dit, il y a stimulation mutuelle donc interaction. Richardson se propose d'étudier les réactions probables d'un groupe face à une menace extérieure. Deux approches sont possibles : l'une subjective qui insiste sur le sentiment, amical ou hostile d'une population vis-à-vis d'une autre, l'autre objective où la réaction prend la forme d'une course aux armements.

Les épidémies psychologiques

Richardson range les calamités causant mort d'homme dans deux catégories : celles qui se produisent en groupe et celles qui se produisent isolément. Dans le premier cas on peut classer les guerres et les maladies contagieuses. Les accidents, les crimes et les maladies non contagieuses appartiennent à la deuxième catégorie. Les guerres peuvent être assimilées à de vastes épidémies à très fort coefficient de mortalité. C'est ce que fait Richardson quand il affirme que le bellicisme "peut se comparer à une maladie mentale que transmettent aux sujets réceptifs ceux qui en sont déjà atteints dans les pays adverses" (2).

Les "humeurs guerrières" (war moods) peuvent selon Richardson être assimilées aux maladies contagieuses grâce à la théorie générale des épidémies. Elles doivent pour cela comporter certains caractères particuliers. Une épidémie est la propagation d'un mal par contact direct. L'exemple des maladies contagieuses permet de mettre en évidence les critères d'une épidémie. Critères qui se rangent dans deux catégories : ceux qui favorisent l'expansion d'une épidémie et ceux qui la freinent. Le caractère non préservatif de la transmission est l'unique condition de la propagation d'une épidémie. La transmission d'un mal à caractère non préservatif signifie que celui qui le transmet - l'agent propagateur - n'en est pas guéri pour autant. Sachant que les hommes sont en liaison constante entre eux, la conséquence de ce caractère est, à terme, la contamination de toute la population. Si cette situation ne se réalise pas, c'est qu'il existe des facteurs qui freinent l'expansion d'une épidémie. La contagion a des limites naturelles telles que l'immunité ou la baisse de virulence, mais elle peut également être freinée par des mesures

(1) **Statistics of Deadly Quarrels,** p. XXXV.
(2) **Id.,** p. 234.

préventives volontaristes. En matière d'épidémie organique, les effets de ces facteurs restrictifs sont parfaitement connus. Une formulation en équations d'une théorie générale des épidémies est donc possible (1). L'intégration des facteurs d'expansion et de limitation des épidémies permet alors de mettre en valeur le point critique du développement d'une épidémie. Au-delà de ce nombre, l'épidémie éclate ; en deçà, l'épidémie naissante s'évanouit.

Cet exemple de réductionnisme a une portée qui dépasse l'exemple d'une épidémie organique. Ainsi en physique, le même type d'équations s'applique aux réactions nucléaires. Dans ce cas, la masse critique a la même signification que le point critique pour les épidémies. Malgré le contenu différent de ces phénomènes, ils sont conceptuellement unifiés dans un même formalisme mathématique. Pour pouvoir appliquer ces équations à l'étude du comportement collectif, il faut que celui-ci ait les mêmes propriétés que les phénomènes contagieux. Or il est facile de constater que le mode de comportement se transmet d'un individu à un autre par imitation. Rashevsky a montré que ce phénomène n'est pas préservatif : celui qui transmet son comportement à un autre n'abandonne pas ce comportement pour autant (2). Il y a donc propagation du comportement selon le processus épidémique. Richardson est parti de cette constatation pour étudier les "fièvres guerrières" ("War Moods") (3).

Richardson estime qu'il est impossible de comprendre la précarité de la paix si on ne comprend pas la fièvre guerrière (4). Il remarque que, pour certaines personnes, se battre est contagieux. Pour lui l' "humeur" (mood) est un état d'esprit fluctuant, susceptible de transformer le comportement d'un individu. Il y a différents degrés d'humeurs comme il y a différents degrés de gravité d'une maladie. Richardson définit différents états possibles en fonction des différentes attitudes d'une population vis-à-vis d'une autre. Il en énumère trois : attitude amicale, hostile ou de lassitude. Il suppose en outre que tout individu est en réalité soumis à une double humeur : l'une manifeste, l'autre latente. Cette distinction est explicite en matière organique : il existe des maladies qui restent à l'état latent jusqu'au moment où certaines conditions favorisent leur éclosion.

Cette analogie pousse Richardson à élaborer une construction mathématique des humeurs guerrières sur le modèle des théories épidémiques. Il suppose que l'humeur d'un individu change d'état (amical, hostile, lassitude) à la suite d'un contact qui modifie la nature de cet état (latent, manifeste). On retrouve ici le mécanisme d'interaction, l'élément le plus simple de la dynamique des conflits. Le modèle mathématique des épidémies les plus simples ne suppose que deux états :

(1) cf. Kermack et Mc Kendrick : **Mathematical theory of infection**, Proc. Royal Stat. Soc., Londres 1927, théorie à laquelle se réfère Richardson.
(2) cf Rashevsky : **Mathematical Biology of Social Relations**, The University of Chicago Press, Chicago, 1951.
(3) **Psychometrica**, 1948, p. 147 à 174 et p. 197 à 232.
(4) **Arms and Insecurity**, p. 233.

état de santé et état infectieux. Sachant qu'un individu malade peut
selon une certaine probabilité contaminer un individu sain, l'évolution de
la proportion de personnes contaminées prendra la forme d'une courbe
logarithmique. Ce modèle est malheureusement trop simple pour rendre
compte de la réalité. Il n'intègre qu'indirectement - au travers des
probabilités - les facteurs limitatifs de la propagation. Pour qu'un modèle
soit parfaitement adapté à une épidémie, il est nécessaire d'introduire
de nouveaux facteurs. C'est ce que fait Richardson en retenant six états
(trois doubles). Richardson cherche ensuite à établir le taux d'accroissement des différentes humeurs possibles. La contagion prend alors la
forme de six équations différentielles du second degré. Richardson n'a
pas cherché à résoudre ce système mathématique particulièrement
complexe.

Si cette approche est originale, elle n'est malheureusement que
d'un faible apport en matière d'étude de la dynamique de la guerre.
Outre la question mathématique, Richardson s'est heurté au problème du
choix des variables, les variables pertinentes n'étant que rarement
appréhensibles. Toutefois, il reste de cette tentative de modélisation
qu'il est tout aussi légitime d'adapter un domaine de recherche à un
outil connu que d'inventer pour une situation donnée un outil qui con-
vienne.

Un modèle théorique de course aux armements

Les difficultés mathématiques sont une des causes de l'échec de
la tentative précédente. Richardson reconnaît lui-même qu'il est plus
aisé de travailler avec des équations linéaires qu'avec des termes qua-
dratiques (1). C'est ce qui l'a poussé à tourner ses recherches vers un
autre modèle de dynamique des conflits. La démonstration précédente
ne représente que l'aspect subjectif du problème de la mécanique des
conflits : sympathie, hostilité ou lassitude. Se pencher sur l'évolution
respective de l'hostilité mesurable des protagonistes constitue l'aspect
objectif (quantitatif) de la même question.

Le fait de réagir face à une menace est un comportement qui
peut être rangé dans une classe plus large de phénomènes appelés schismogenèse. Richardson emprunte cette notion à Bateson (2) qui a élaboré
ce concept en étudiant le comportement des tribus de Nouvelle Guinée.
La schismogenèse ou mode de clivage est, selon Bateson - définition
intégralement reprise par Richardson - "un processus de différenciation
des normes du comportement individuel résultant d'une interaction
cumulative entre individus" (3). L'interaction, coeur du réductionnisme
richardsonien, est alors mieux définie, d'autant plus que la schismogenèse formée par la réciprocité des comportements des protagonistes
est, comme nous allons le voir, parfaitement symétrique. Il s'agit du

(1) **Arms and Insecurity**, p. 234.
(2) **Naven**, Cambridge University Press, Cambridge, 1935.
(3) **Arms and Insecurity**, p. 65.

duel, c'est-à-dire un combat total où celui qui ne gagne pas, perd. Selon l'interprétation clausewitzienne (1), trois grandes règles régissent le déroulement d'un duel. Tout d'abord, l'usage de la force est illimitée et chacun des adversaires tente d'imposer sa loi à l'autre. Mais les protagonistes ne sont pas leurs propres maîtres car ils se dictent mutuellement leur loi. Enfin pour battre son adversaire, chacun des acteurs proportionne son effort à la force de résistance de l'adversaire. La conséquence de ces trois règles est le combat total grâce au mécanisme que Clausewitz appelle l' "ascension aux extrêmes". Ces règles définissent bien un phénomène d'interaction symétrique. Ce n'est pas la guerre elle-même que Richardson cherche à étudier, mais les comportements qui en temps de paix conduisent à la guerre. Cependant pour Richardson il y a continuité entre paix et guerre. Il estime que la guerre est le résultat d'un processus d'action-réaction, processus qui a lieu en temps de paix. Il emprunte une idée de Bertrand Russell (2) selon laquelle ce processus d'interaction prend la forme d'une course aux armements. Aron lui-même estime que la course aux armements "symbolise la dialectique de l'hostilité en temps de paix" et qu'elle est la forme non belliqueuse de l' "ascension aux extrêmes" (3). Une schismogenèse symétrique, deux hostilités en interaction, une variable pertinente et adaptable (le niveau des armements) : tous les ingrédients pour un traitement mathématique de la notion de conflit sont à présent réunis.

Richardson suppose que le potentiel militaire d'un pays représente sa position dans une situation conflictuelle. L'évolution de ce facteur détermine la marche du conflit. Dans ces conditions, suivre l'évolution de ce facteur, augmentation, stabilisation, diminution doit pouvoir permettre d'évaluer les risques de guerre ou de paix. Richardson donne l'exemple d'un pays imaginaire (4) se sentant menacé par un voisin belliqueux. Le gouvernement de ce pays va décider d'augmenter son potentiel militaire en fonction de celui de son adversaire. En pratique ce sont les dépenses budgétaires consacrées à la défense qui vont être augmentées. En réalité l'augmentation ne se fera pas en vue d'égaler le potentiel militaire adverse. Il n'y aura qu'un ajustement. Mathématiquement, cette augmentation prendra la forme suivante :

$$dx/dt = ky$$

Où dx/dt représente par rapport au temps, l'accroissement des dépenses militaires, x, du pays imaginaire, et où y représente le niveau des dépenses militaires de l'adversaire. Le taux d'ajustement de cette augmentation est représenté par la constante k. Le gouvernement du pays adverse a certainement tenu le même raisonnement et a donc pris les mêmes décisions. De façon mathématique, le comportement du pays adverse se formule de la manière suivante :

$$dy/dt = lx$$

Où l est le taux d'ajustement de l'augmentation qui n'est pas le même

(1) **De la guerre**, livre premier.
(2) **War of Offspring of Fear**, Union of Democratic Control, Londres 1917
(3) **Paix et guerres entre les nations**, p. 652.
(4) **Arms and Insecurity**, p. 14.

que celui du premier pays, puisqu'il est lié à la perception de la menace. L'interaction est parfaitement symétrique. Richardson considère que x et y sont positifs (on imagine mal des dépenses militaires négatives). En termes mathématiques, il s'agit de résoudre le système composé des deux équations différentielles énoncées ci-dessus, c'est-à-dire de trouver l'évolution de x et y (hostilité respective des deux pays) quand le temps t, se sera écoulé. Les résultats du système sont formels et ne font que confirmer l'intuition préalable : les deux protagonistes ne cessent de s'armer, l'évolution est instable. Selon Richardson ce phénomène conduit tôt ou tard à la guerre. Cependant les gouvernements des deux pays savent pertinement que les dépenses d'armements ne peuvent augmenter sans limites. En effet, elles deviennent un tel fardeau pour l'économie du pays qu'elles freinent de manière proportionnelle leur propre accroissement. L'inéluctable ascension aux extrêmes n'est qu'un idéal-type. Elle est freinée dans la réalité par la situation politique qui doit en résulter et réagir sur elle. Mathématiquement, le facteur restrictif de l'évolution des dépenses militaires transforme la première équation précédente de la façon suivante :

$$dx/dt = ky - mx$$

Où m représente le taux de restriction des dépenses militaires. De manière analogue, les dépenses trop lourdes de l'adversaire freinent l'accroissement de ses propres dépenses :

$$dy/dt = lx - ny$$

Il est intéressant de remarquer que ces formules sont les mêmes que celles employées par les physiciens pour décrire le phénomène de fading ou pour les financiers à propos du phénomène de dépréciation.
Le modèle représenté par ce système d'équations différentielles décrit un processus de stimulation mutuelle. Or il est difficile d'imaginer un pays totalement désarmé, même en temps de paix. Il y a toujours un besoin de force, ne serait-ce que pour asseoir la notion d'Etat, au sens weberien du terme. Richardson doit donc tenir compte de ce qu'il appelle les "griefs permanents" et les intégrer dans les équations, qui deviennent alors :

$$dx/dt = ky - mx + g$$
$$dy/dt = lx - ny + h$$

Où g et h sont des constantes qui représentent les griefs permanents ou le niveau de force minimum.

Applications mathématiques du modèle de course aux armements

Ces équations affirment que le taux d'accroissement des dépenses militaires d'un pays dépend positivement des dépenses du rival (premiers termes), négativement de ses propres dépenses (deuxièmes termes) et positivement des griefs permanents (derniers termes). Selon la valeur donnée aux paramètres (k,l,m,n,g,h), les équations peuvent satisfaire à une grande variété de cas. Richardson s'intéresse plus particulièrement au développement de la course aux armements la plus plausible : celle où tous les paramètres sont positifs. Il s'intéresse à la stabilisation de la course aux armements, c'est-à-dire la recherche d'un point d'équilibre des forces. S'il n'y a pas de facteur restrictif, cet équilibre n'existe pas. S'il y a des facteurs restrictifs, ce point d'équilibre n'existe pas nécessairement. C'est le poids relatif de ces facteurs qui détermine l'existence d'un éventuel point d'équilibre. Dans les équations, c'est la grandeur relative des paramètres qui exprime le poids assigné aux différents facteurs. Mathématiquement, un équilibre des forces signifie que les taux d'évolution (augmentation en principe) sont nuls. Autrement dit que : dx/dt = 0 et dy/dt = 0, ce qui revient à :

$$ky - mx + g = 0 \quad (I)$$
$$lx - ny + h = 0 \quad (II)$$

Résoudre ces équations revient à trouver les conditions qui doivent être remplies pour avoir l'équilibre. Ce système d'équations est apparemment simple, il comporte pourtant une difficulté de taille : les paramètres, k, l, m, n, g et h ne sont pas plus connus que les véritables inconnues x et y. Il convient (pour contourner le problème) de procéder de manière géométrique en ne retenant que la grandeur relative des paramètres. L'équation (I) peut être représentée par une droite :

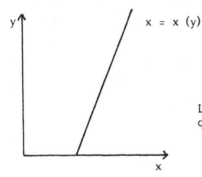

La courbe est toujours croissante quand les paramètres sont positifs.

L'équation (II) peut être représentée de la même manière. La figure représentant l'ensemble du modèle est, comme on peut le remarquer, parfaitement symétrique.

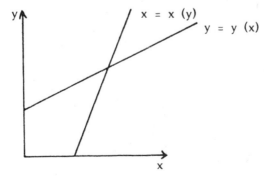

La figure précédente met en évidence un point d'intersection. Ce point donne les valeurs de x et de y pour lesquels il y a équilibre. Il est impossible à partir de ce modèle statique de tirer des conclusions sur la qualité du point d'équilibre (stabilité ou pas). Il convient donc de dynamiser le modèle, c'est-à-dire revenir au premier système d'équations :

$$dx/dt = ky - mx + g$$
$$dy/dt = lx - ny + h$$

La résolution de ce système (ou plutôt la recherche du signe de sa dérivée) fait apparaître l'évolution de la course aux armements de part et d'autre du point d'équilibre, ainsi que le montre l'exemple de la figure suivante :

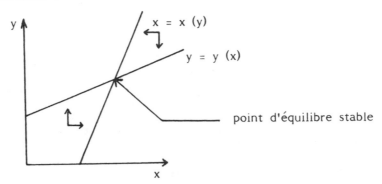

point d'équilibre stable

Cette figure met en évidence un point d'équilibre stable. C'est-à-dire que "quand on lui imprime une légère oscillation, celle-ci aura tendance à s'amortir". Il serait qualifié d'instable "si l'oscillation avait tendance à s'amplifier" (1). Autrement dit, si à partir du point d'équilibre, un des protagonistes modifie son niveau d'armement et que le processus d'inter-action tend à ramener le niveau général de l'armement vers le point d'équilibre, celui-ci sera déclaré stable. La résolution du dernier système d'équation montre qu'il est possible d'envisager en réalité quatre situations typiques : équilibre des forces stables (cas de la figure ci-dessus), désarmement total, course aux armements continue et situation ambiguë - armement ou désarmement selon l'état initial des forces. Ce modèle mathématique permet de vérifier une situation qui est perceptible de façon intuitive : si la conjugaison des facteurs qui tendent à aggraver le conflit domine celle des forces restrictives, l'affrontement ne pourra que s'intensifier.

S'il est impossible de mesurer les différents facteurs et surtout d'identifier les paramètres, le modèle ne peut être testé et reste un exercice de mathématique gratuit. Cependant Richardson a cherché à donner à son modèle une signification opérationnelle en le confrontant à la réalité, c'est-à-dire aux préparatifs des deux guerres mondiales. S'il a obtenu pour les années 30 - 39 des résultats moyens, la concor-dance entre les relations prédites et les relations observées pour la course aux armements de 1909 - 1914 est étonnante. La science n'est jamais finie affirme Richardson ; mais il pense avoir abouti à "une approximation traitable de façon mathématique et politiquement intéressante"(2).

(1) Richardson, cité par T. H. Pear dans **Psychological Factors of Peace and War,** Hutchinson, 1950, pp. 229-230.
(2) **Arms and Insecurity,** p. 226.

Vers une physique sociale

La démarche de Richardson peut être qualifiée de réductionniste dans la mesure où :
1 - L'origine des guerres est réduite à une course aux armements qui ne s'est pas stabilisée. Il semble cependant qu'aujourd'hui cette affirmation ne peut plus être retenue. Les modèles de course aux armements ne peuvent donner plus de résultats que ceux que l'on peut attendre d'eux. Instabilité de la course aux armements signifie croissance divergente de l'hostilité des acteurs en conflit. Elle ne permet en aucun cas de conclure au déclenchement de la guerre. Les concepts de course aux armements et de déclenchement des guerres sont logiquement (mathématiquement) distincts. L'un cesse quand l'autre commence.
2 - Toute course aux armements est réduite à des interactions entre deux acteurs (populations, pays ou groupes de pays).
3 - Les interactions entre acteurs sont réduites à des séquences de stimuli et de réponses.
4 - Il existe un point critique au-delà duquel certaines séquences débouchent nécessairement sur un processus irréversible d'ascension aux extrêmes.
5 - Tous ces éléments de base de la dynamique des conflits ne sont reliés entre eux que par des relations mathématiques.

Richardson justifie cette démarche dans la mesure où, selon lui, elle permet de bâtir des modèles opérationnels, c'est-à-dire des modèles qui :
1 - disposent d'une grande cohérence interne,
2 - donnent une image très proche de la réalité,
3 - se risquent à prévoir les événements : ils s'exposent ainsi, comme tout énoncé scientifique, à être démentis. Un bon modèle est celui qui survit à la prévision. Comme le soulignent Rashevsky et Trucco, Richardson s'est toujours donné beaucoup de mal pour confronter "his theoretical results with a large array of painstakingly collected socio-economic data" (1).

Bâtisseur de modèles, le réductionnisme richardsonien vise à fonder une physique sociale. Cette physique sociale n'a rien à voir avec celle d'un Gustave Lebon ou celle de certains mouvements totalitaires. D'ailleurs Richardson affirme que "ses équations sont tout simplement une description du comportement des hommes s'ils ne prenaient pas la peine de réfléchir" (2). Il unifie conceptuellement la physique et l'histoire dans un même formalisme mathématique, mais ne prétend nullement ramener l'histoire à la physique ou, si l'on préfère, expliquer les faits historiques par des causes non-historiques. Au contraire l'histoire est fondée dans une autonomie radicale, puisque la course aux armements est analysée comme un système clos se développant sous le seul effet de l'interaction des partenaires. La seule cause, c'est l'autre. Il n'y a même pas de réductionnisme économique, d'explication par "les infrastructures". Si

(1) **op. cit.**
(2) **Arms and Insecurity.**

Richardson accorde une grande importance aux données économiques,
c'est à titre d'indicateurs et non de causes : c'est l'aspect économique
de la course aux armements qui permet la mesure, et donc la quantification.

Il semble que l'on puisse conclure que le réductionnisme richardsonien est purement méthodologique et ne constitue qu'une étape dans
la construction d'un objet scientifique autonome.

Mais l'ambition réductionniste n'est-elle pas sous-tendue par une
conviction d'ordre philosophique : celle que le monde social comme le
monde physique est régi par des lois, c'est-à-dire des relations constantes
et universelles ? Pour Kenneth Boulding (1), Richardson est d'abord
" a man inspired with a vision of orderly relations in a field where
" disorder is usually regarded as supreme".

Enfin Richardson a-t-il réussi ? Mais cette question a-t-elle un
sens ? Comme l'écrit Sir Karl Popper dans **Studies in the Philosophy of
Biology, Reduction and related problems** (1974), le réductionnisme peut
bien aboutir à des échecs ou des demi-échecs. " Nous devrions néan-
" moins continuer nos tentatives de réduction pour des raisons de
" méthodologie, car nous pouvons apprendre beaucoup, même d'essais de
" réduction manqués ou incomplets".

(1) cité par Rashevsky et Trucco dans la préface de **Arms and Insecurity,**
     p. 3.

LEWIS F. RICHARDSON : SOURCES

N° réf.   Date

1   1919 - **"Mathematical psychology of war"**, in British copyright libraries, Scarce. Reproduit en partie dans le n° 2.

2   1935 - "Mathematical psychology of war", **Nature**, 135, 830. Reproduit intégralement dans le n° 6.

3   1935 - "Mathematical psychology of war", **Nature**, 136, 1025. Reproduit intégralement dans le n° 6.

4   1938 - "The arms race of 1909-13", **Nature**, 142, 792. Complément statistique des n° 2 et 3. Reproduit intégralement dans le n° 6.

5   1938 - "Generalized foreign politics", **British Association Report of Meeting at Cambridge**. Résumé des n° 2, 3, 4, avec une extension à n nations. Reproduit intégralement dans le n° 6.

6   1939 - "Generalized foreign politics", **British Journal of Psychology, Monograph Supplement**, n° 23, juin 1939. Revu et corrigé dans le n° 14.

7   1939 - "A visit to Danzig", Newspaper articles in **Paisley Daily Express**, 21 et 23 août, et **Northern Echo**, 28 août.

8   1941 - "Frequency of Occurence of Wars and other Fatal Quarrels", **Nature**, 15 novembre 1941. Revu et corrigé dans le n° 15.

9   1944 - "Stability after the war", **Nature**, 154, 240. Une application du n° 6. Reproduit intégralement dans le n° 14. —

10   1945 - "Distribution of wars in time", **Nature**, 155, 610. Reproduit intégralement dans le n° 11.

11   1945 - "The distribution of war in time", **Journal of royal statistical Society**, 107, 242-50.

12   1946 - "Chaos, international and inter-molecular", **Nature**, 158, 135. Conduit au n° 13.

12A 1946 - "The probability of encounters between gas molecules", **Proc. Royal Society A.**, 186, 422-31. Exercice de pure théorie physique qui prépare le n° 13.

13   1947 - "The number of nations on each side of a war", **Journal of Royal Statistical Society**, 109, 130-56. Reproduit dans le n° 20.

14   1947   - **Arms and insecurity**, revu et corrigé des n° 6 et 9.
     & 1949   Manuscrit sur microfilm, seconde édition en 1949.
     & 1960   Edité en 1960 par N. RASHEVSKY et E. TRUCCO, Quadrangle Books, Chicago.

15   1948 - "Variation of the frequency of Fatal Quarrels with magnitude", **Journal of American Statistical Association**, 43, 523-46. Reproduit dans le n° 20.

16   1948 - "War moods", **Psychometrika**, 13, 147-74 and 197-232.

17   1949 - "The persistence of national heatred and the changeability of its objects", **British Journal of Medical Psychology**, 22, 166-8.

18   1950 - "War and Eugenics", **Eugenic review**, 42, 25-36.

19   1950 - "A purification method for computing", **Philosophical Transactions of the Royal Society**, 242, 439-91. Une analyse détaillée de la méthode examinée dans les n° 6 et 14, appliquée à la course aux armements de 1930-1939.

20   1950 - **Statistics of deadly quarrels**, 421 pages sur microfilm, reprenant les n° 11, 13 et 15. Edité en 1960 par QUINCY WRIGHT et C. C. LIENAU, Quadrangle Books, Chicago.

21   1950 - "Psychological factors of peace and war". Deux chapitres - résumé des n° 14 et 20 - dans l'ouvrage de T. H. PEAR, Hutchinson, 1950.

22   1951 - "Could an arms-race end without fighting ?", **Nature** du 29 septembre 1951, 168, 567. Une déduction des théories du n° 6.

23   1951 - "Could an arms-race end without fighting ?", **Nature** du 24 novembre 1951, 920.

24   1952 - "Is it possible to prove any general statements about historical fact ?", **British Journal of Sociology**, 3, 77-84.

25   1952 - "Contiguity and deadly quarrels : the local pacifying influence", **Journal of the Royal Statistical Society**, A, 115, 219-31.

26   1953 - "Three arms races and two disarmements", Sankhia, **The Indian Statistical Journal.**

27   1953 - "The submissiveness of nations", **British Journal of Statistical psychology**, novembre 1953. Une révision du n° 22.

28   1953 - "Contiguity, measured by mapping populations by cells". Le dernier article de Richardson, inédit.

N.B. **Nature** est une revue scientifique anglaise du genre **Scientific American.**

Bibliographie

A - Ouvrages

LUTERBACHER (U.) : **Dimensions historiques de modèles de conflits,** Leiden, 1974.

PRUITT (D. G.) et SNYDER (R. C.) : **Theory and Research on the Cause of the war,** ed. Prentice-Hall, Englewoods cliff, N.J.

RAPOPORT (A.) : **Combats, Débats et Jeux,** Dunod, 1967.

RASHEVSKY (N.) : **Mathematical Theory of Human relations,** Bloomington, Ind. The Principia Press, 1947.

RASHEVSKY (N.) et TRUCCO (E.) : préface à **Arms and Insecurity, op. cit.** (Mathematics and Human relations).

RICHARDSON (S. A.) : préface à **Arms and Insecurity, op. cit.**

SOKORIN (P.) : **Tendances et Déboires de la Sociologie Américaine,** Editions Montaigne, Collection Sciences de l'Homme, Aubier, Paris, 1959.

WRIGHT (Q.) et LIENAU (C. C.) : Introduction à **Statistics of Deadly Quarrels, op. cit.**

B - Articles

ARROW (K. J.) : "Utilisation des mathématiques dans les sciences sociales", **Les sciences de la politique aux Etats-Unis,** sous la direction de H. D. LASSELL et D. LERNER. Cahiers de la Fondation Nationale des Sciences Politiques, Paris, Armand-Colin, 1951.

GOLD (E.) : **Obituary Notices of Fellows of the Royal Society,** nov. 1954, vol. 9.

RAPOPORT (A.) : "L. F. Richardson's mathematical theory of war", **Journal of Conflict Resolution,** vol. 1, n° 3, sept. 1957.

RICHARDSON (S. A.) : "L. F. Richardson (1881-1953) : a personal bibliography", **Journal of Conflict Resolution,** vol. 1, n° 3, sept. 1957.

SCHMIDT (C.) : "Variations sémantiques sur le modèle de Richardson", Communication au colloque de l'AISE sur **Dépenses militaires, croissance et fluctuation économique,** Paris, juin 1982.

Collection
SCIENCE - HISTOIRE - PHILOSOPHIE
dirigée par Michel DELSOL

PHILOSOPHIE
MOLÉCULAIRE
MONOD, WYMAN, CHANGEUX

Claude DEBRU

1987
Un volume 16,5 × 24,5
244 pages
135 F

Claude DEBRU
Agrégé de Philosophie
Docteur-ès-lettres
Chargé de recherches au CNRS

Librairie Philosophique J. VRIN
6, place de la Sorbonne
75005 PARIS

Institut Interdisciplinaire
d'Études Épistémologiques
25, rue du Plat 69002 LYON

" LE SAUT QUALITATIF "

DE L'EXPERIENCE BIOLOGIQUE A L'EXPERIENCE MYSTIQUE

par

Jacques Gadille

C'est un texte d'Alexandre Koyré qui m'a servi de point de départ pour réfléchir au réductionnisme. Dans sa conférence donnée à Chicago en novembre 1948 sur "le sens et la portée de la synthèse newtonienne", il concluait ainsi :

" (...) la science moderne... unit et unifia l'Univers. (...) Mais,... elle
" le fit en substituant à notre monde de qualités et de perceptions
" sensibles, monde dans lequel nous vivons, aimons et mourons, un autre
" monde : le monde de la quantité, de la géométrie réifiée, monde dans
" lequel, bien qu'il y ait place pour toute chose, il n'y en a pas pour
" l'homme. " Dans cette dichotomie, il n'hésitait pas à voir " (...) la
" tragédie de l'esprit moderne qui "résolut l'énigme de l'Univers", mais
" seulement pour la remplacer par une autre : l'énigme de lui-même." (1)

Entre ce constat fait dans l'immédiate après-guerre par le philosophe des sciences et notre colloque sur la nature du réductionnisme, il y a un lien étroit, me semble-t-il : cette "mise à plat" de notre univers par la quantification a sans doute sa valeur instrumentale propre : procédure nécessaire d'analyse de l'expérience, elle traduit celle-ci en un certain langage qui nous a fait étonnamment progresser dans sa connaissance. Mais identifier l'expérience à ce langage, vouloir l'expliquer totalement par lui, c'est immanquablement **la réduire**, c'est-à-dire laisser échapper deux niveaux essentiels : celui du monde des qualités sensibles, fait précisément pour recevoir ce donné de l'expérience, savoir le monde du vivant, et, au-delà, celui qui est le support de ce monde qualitatif, l'homme même.

Pour éviter l'extraordinaire mutilation d'un tel modèle qu'il qualifie de "pseudo-newtonien", de "monstruosité", pour éviter cette uniformisation du monde, "désormais sans mystère" (Renan), Koyré ne suggère-t-il pas de lui substituer une vision par plans étagés de la connaissance, plans entre lesquels il importerait de passer par une succession de "sauts qualitatifs" ? Ne convient-il pas de rompre avec la classification comtienne du passage des sciences de la nature aux sciences humaines par progression continue de données quantitatives

simples conduisant à des ensembles composés de plus en plus complexes ?
N'est-ce pas le lieu de revenir à la célèbre distinction pascalienne des
ordres de la connaissance, entre lesquels on reconnait de véritables
ruptures épistémologiques ?

Proposons-nous un itinéraire assez conforme à la vocation de notre
groupe pluridisciplinaire : passant, dans un premier temps, de notre
connaissance de la nature physique et de la nature vivante, puis des
sciences de l'homme à la connaissance métaphysique, nous nous deman-
derons, chaque fois, quels sont les modes d'appréhension de ces objets
par la pensée. Enfin, nous nous interrogerons : ce saut qualitatif qu'il
convient de faire de l'une à l'autre connaissance, - en quoi consiste-t-il ?
Et par exemple, lorsque, dans des fragments célèbres, Pascal écrit :
" Il eût été inutile à Archimède de faire le Prince dans ses livres
de géométrie, quoiqu'il le fût..."
ou encore :
" On ne prouve pas qu'on doit être aimé en exposant d'ordre les
causes de l'amour : ce serait ridicule..." (2)
Comment comprendre ce sens du ridicule ?

I. a. C'est à une autre distinction pascalienne entre l'ange et la bête
que Georges Canguilhem recourt, pour faire saisir "la pensée du
vivant" dans sa spécificité :
" (...) pour faire des mathématiques, il nous suffirait d'être anges,
" mais (...pour faire de la biologie, même avec l'aide de l'intelligence,
" nous avons besoin parfois de nous sentir bêtes." et il s'appuie sur
cette "connaissance naïve" dont Goldstein dit, dans **La structure de
l'organisme**, qu'elle " (...) accepte simplement le donné" (...) "quelle que
" soit l'importance de la méthode analytique dans ses recherches... elle
" est le fondement principal de sa connaissance véritable et lui permet
" de pénétrer le sens des événements de la nature." (3)
Loin de moi l'outrecuidance de faire autre chose que de rappeler
quelques schémas pour définir la spécificité du vivant : la loi de différenciation et d'individualisation croissantes est bien connue depuis
Spencer, depuis qu'il s'en est servi pour distinguer l'organique et
l'organique social, de l'inorganique. De même, sa contrepartie, la loi
d'interdépendance des parties au tout, celle, capitale, du milieu vivant,
par où si la cellule vit, c'est en fonction de l'ensemble où elle est
immergée. Une des idées-forces aussi du vitalisme de Canguilhem est de
définir la mutation du vivant par rapport au non-vivant comme une
aptitude du premier, contraire à toutes les lois de la physique, de faire
sortir le **plus** du **moins**, l'arbre de la graine, l'animal du partage initial
des cellules reproductrices : à la loi de l'inertie du mouvement physique
(encore que ce mouvement ait un sens donné et intelligible) s'oppose la
loi tendancielle du mouvement vital : à la lumière de l'informatique et
des "mémoires" électroniques, de récentes philosophies de la biologie
comme celle de Saget mettent l'accent sur la mémoire de l'espèce que
contiennent les programmes, les codes, les messages que les gènes
reproducteurs sont chargés de transmettre, pour les perpétuer : ils
sont comme la clé de la vie, son arme contre le fatal retour à
l'entropie, à l' "indifférencié" de l'inertie originelle. Et cet instinct de
conservation se traduit par le rejet de tout corps étranger, qui exprime
bien cette auto-conservation du corps vivant, dont Saget nous fait
remarquer qu'il est repli sur soi, donc qu'il est "mortifère", puisque, aussi

bien, la vie et sa reproduction se nourrit du mélange avec des corps extérieurs, qu'elles s'étiolent et s'abâtardissent au contraire dans un milieu confiné.

I. b. Or, nous dit Canguilhem, la seule méthode adéquate pour connaître le vivant, c'est de faire référence au vivant, pour le saisir dans sa totalité, alors que la dissection ou la vivisection analytique est une offense à la vie : reprenons ses phrases, marquées au coin du sens des formules heureuses :
" (...) Les formes vivantes [au sens aristotélicien] étant des tota-
" lités dont le sens réside dans leur tendance à se réaliser comme telles
" au cours de leur confrontation avec leur milieu, elles peuvent être
" saisies dans **une vision,** jamais dans **une division.** Car diviser c'est, à
" la limite, et selon l'étymologie, faire le vide, et une forme, n'étant
" que comme un tout, ne saurait être vidée de rien." (4)
Aux biologistes de nous dire comment la méthode de la chimie organique, de la biochimie s'est de plus en plus distinguée de celle de la physique et de la chimie minérale... Je ferai seulement référence aux récents travaux de M.F. Dagognet sur le conflit ouvert entre les méthodes pastoriennes et le positivisme de Comte (rappelons-nous la franche satisfaction qu'il éprouva en 1882 à s'insurger contre la réduction de tout au quantifiable, dans son discours de réception à l'Académie française, face à Renan, son récipiendaire, dont on sait l'amitié avec Berthelot... (5) Mieux encore, pensons au pragmatisme efficace qui l'a fait jouer victorieusement de la vie sur la vie et qui l'oppose plus subtilement à la méthode expérimentale de Claude Bernard : leur divergence bien connue sur le support, cadavérique ou vivant, des fermentations a montré à quel point Pasteur mêle inextricablement le biologique et le minéral, et présente la vie comme un phénomène éminemment instable et fragile, fonction d'un juste milieu dans ses conditions d'apparition et de survie. C'est sans doute cela que signifie cette nécessaire référence au vivant pour comprendre le vivant, dont parle Canguilhem.

II. a. De ce vivant, l'homme a une connaissance directe, immédiate :
c'est ce monde des sensations dont Koyré nous a dit qu'il s'évanouit, dès que l'homme "réfléchit" cette connaissance par l'analyse réductrice.
Du moins, accède-t-il par cette réflexion même, à la connaissance de soi comme être pensant.
Mais l'identité, la particularité de la personne échappent. C'est sans doute ce que Koyré veut dire lorsque, au terme de son explication du monde, il voit l'homme placé devant "l'énigme de lui-même".
Tentons de pénétrer l'énigme, en définissant ce nouvel objet de la connaissance qu'est l'homme. Saget nous aide, à nouveau, à le faire, à la lumière du phénomène vivant. Suffit-il de dire qu'étant, dans l'échelle des êtres vivants, le plus complexe, il est aussi parmi ces êtres celui dont l'existence est la plus "risquée", c'est-à-dire sujet aux transformations les plus profondes, de celles qui mettent en cause sa propre survie, à terme et même soudainement, par le jeu d'une catastrophe brutale ? C'est possible, probable même, mais non démontrable.
Ce qui l'est, par contre, c'est que cette capacité, la sienne, de modifier volontairement les conditions, l'environnement de son existence

sociale fait de ce "risque essentiel", de "l'aventure humaine" un **spécifique humain**. Convenons de l'ambiguïté radicale de ce "risque" : menaçant l'individu et même l'espèce qui s'y livre, il constitue tout aussi bien le moyen pour l'homme de se réaliser, et tout d'abord de prendre possession, comme nulle autre espèce vivante ne l'a fait, d'un oecoumène planétaire et, en ces jours, interplanétaire...

Or, si nous considérons la tendance au repli sur soi, à l'auto-conservation de l'organisme vivant, tendance que nous avons jugée "mortifère" pour lui, car simple processus retardateur dans l'inéluctable marche à l'entropie, - pour l'homme, elle est combien plus "mortelle" encore, non seulement au titre d'être vivant mais à celui d'être humain lui-même : au-delà de l'**être pour soi**, la personne est en effet **être pour le monde**, mieux encore, **pour autrui** : le langage, toute forme de sensibilité ou de sociabilité le définit par sa relation aux autres, par la projection hors de soi qui se nourrit de la communication. Point n'est besoin de souligner ce principe vital de toute société qu'est le don, l'échange avec tout ce qui n'est pas d'elle-même mais vient d'ailleurs.

II. b. La connaissance de l'homme ne peut donc s'effectuer validement qu'en se situant au coeur de ce réseau de relations, pour en saisir le contenu et le sens. Etudes de la sémantique, de la symbolique, des formes de parenté et de sociabilité, dynamique de la sociologie de groupe, sociologie urbaine ou industrielle, etc. Et de façon plus intime, tout ce que le grand siècle classique a mis sous ces termes pudiques de "commerce entre honnêtes gens", d' "esprit de conversation", d'éducation et d'attachement à ce qu'il y a de plus piquant dans les relations sociales.

A un niveau plus intime encore, parlant du personnalisme d'un Gaston Fessard, Jules Monchanin n'a-t-il pas défini l'amitié comme la découverte, entre deux hommes, de ce pour quoi chacun d'eux "est fait", en fonction des talents et des goûts de sa personnalité, n'a-t-il pas proposé de voir dans l'amitié "une conspiration des vocations" ? Et quant à l'étreinte de l'amour, ne procède-t-elle pas d'un mutuel mouvement de reconnaissance réciproque ? " Connaissance indiscernable " de l'amour, écrit-il : l'amant saisit l'aimé dans la traction qu'il subit, " puis au point d'où elle émane, enfin dans l'amour de l'aimé pour "l'aimant. " (6). En une telle reconnaissance, les amants se plaisent à retrouver dans l'autre, comme en un miroir, certains des traits les plus profondément constitutifs de la personnalité de chacun d'eux.

Nous plaçant enfin au plan plus général de l'épistémologie comparée entre les diverses sciences de l'homme, comment ne pas être frappé par l'espèce de tension qui se fait de plus en plus sensible au sein de chacune d'elles, en direction de ce spécifique humain qui, sans nullement l'exclure, ne se réduit cependant ni au biologique, ni à l'économique qui néanmoins le conditionnent étroitement : je veux parler de celui qu'une mode présente nomme "l'imaginaire" individuel et collectif. Or suffit-il là d'invoquer Freud, Ader ou Lévi-Strauss et de réduire cette dimension à un vaste "psychologisme" collectif, pour rendre compte de cette impressionnante convergence vers les phénomènes d'opinion publique ou de croyances qui se produit au sein de disciplines aussi différentes que la paléontologie humaine, la préhistoire, la géographie, l'ethnologie ou l'anthropologie dite "du sacré", la sociologie : pour l'histoire, sans même parler de Jean Delumeau ou de Pierre Chaunu, on observera par exemple la prise en considération de plus en plus habituelle des phénomènes d'opinion publique à l'intérieur d'une discipline aussi spécialisée que l'histoire des relations internationales...(7)

On en arrive, à ce point, à se demander si l'homme ne trouve pas sa cohérence, à l'échelon même de sa vie sociale, dans sa projection dans un "modèle idéal" qui contraste antithétiquement avec les choses finies où se joue son apparent destin.

III. a. Evoquons les termes nets, si nets qu'ils prirent l'allure d'une provocation, par où Pasteur réhabilita, contre l'étroit positivisme, la notion d'infini dans la connaissance humaine. C'était dans ce discours de réception à l'Académie rappelé plus haut, où, après s'être livré à un bel éloge de Littré auquel il succédait, il déclarait :

" ...Celui qui proclame l'existence de l'infini accumule dans cette
" affirmation plus de surnaturel qu'il n'y en a dans tous les miracles de
" toutes les religions... Quand cette notion s'empare de l'entendement,
" il n'y a qu'à se prosterner... Cette vision positive est primordiale,
" - le positivisme l'écarte gratuitement, elle et toutes ses conséquences,
" dans la vie des sociétés... Par elle, le surnaturel est au fond de tous
" les coeurs. Où sont toutes les vraies sources de la dignité humaine,
" de la liberté et de la démocratie moderne, - sinon dans la notion de
" l'infini, devant laquelle tous les hommes sont égaux... ?" (8)

Point n'est besoin de longs discours pour distinguer deux contenus dans cette notion d'infini : celui d'une valeur axiologique suprême, garantissant la validité du **vrai** scientifique, du **beau** des canons poétiques et esthétiques, du **bien** de la raison pratique. Et, d'autre part, le contenu d'une Déité personnelle à laquelle se réfèrent la plupart des grandes religions révélées, et à laquelle le christianisme confère par les dogmes de l'incarnation d'un Dieu-Amour et de la rédemption universelle une existence encore plus particulière : c'est le Dieu, à la fois Tout-Autre, Altérité absolue par rapport à la création, et Unité absolue, plus intime à moi que moi-même... On sait combien une telle distinction entre le Dieu des géomètres et des savants, et le Dieu de l'ordre de la Charité est familière chez Pascal.

III. b. Si nous décidons de nous limiter au seul niveau de la connaissance mystique, c'est-à-dire de "la connaissance" du Dieu personnel, au niveau de "l'expérience de Dieu", - c'est qu'il permet de déceler à la fois des contrastes d'ordre qualitatif, et des correspondances avec les deux démarches épistémologiques précédentes, celle de la connaissance du vivant et celle de la connaissance de l'homme. Si je m'aventure sur ce terrain, c'est aussi parce que je peux m'effacer derrière des "autorités" en la matière, les travaux publiés essentiellement entre les deux guerres (9) : les deux volumes du P. Joseph Maréchal sur "la psychologie des mystiques", ceux de Jules Monchanin en 1937, et, quelques années après, le journal personnel de Simone Weil, que je remercie Mme Jeanne Parain-Vial de m'avoir tout spécialement indiqué et qui parut, peu après, sous le titre, **La connaissance surnaturelle.**

Je suivrai tout spécialement Monchanin, parce qu'il a lui-même largement participé à ces débats sur la mystique comparée au sein de la **Revue d'ascétique et de mystique,** et des **Etudes carmélitaines,** ou dans le cadre de la société lyonnaise de philosophie ou du groupe d'études médicales du Secrétariat social animé par le docteur Biot. Aussi, parce qu'il fut un maître dans la pratique de cette ascèse et de la contemplation trinitaire qui acheva sa vocation dans l'ashram indien de Shantivanam, actuellement rattaché aux Camalduldes et animé par Bède Griffiths, dont la traduction française de **Expérience chrétienne, mystique hindoue** vient de paraître aux éditions du Cerf (10).

Dans ce schéma épistémologique de la connaissance de Dieu, il y a une notion effectivement centrale, celle de "mystique organique". Tous ces auteurs, et Monchanin en particulier, la présentent comme l'aboutissement d'une longue évolution de la spiritualité chrétienne, qui s'achève chez les grands mystiques espagnols du XVIe siècle. Monchanin la formule comme "l'intériorisation immédiatement vécue de la religion", ou encore "la perception expérimentale du mystère du Christ" (en nuançant ce terme de **perception...**) (11)

Cette expérience de Dieu peut, en effet, donner lieu à une phéno-ménologie, celle que Baruzi a tentée sur saint Jean de la Croix (12). Elle distingue fortement l'état mystique, de l'ascèse ou du sens du péché qui le précède, et même des états seconds qui sont comme ses formes basses ou médiates - états psychiques, lyriques, états de grâce. Elle est décrite beaucoup plus radicalement comme l'incorporation de la personne, dépossédée d'elle-même, dans le mouvement de relations qui unit les Personnes divines, en suivant le Modèle, l'image que nous donne de Lui le plus grand Amour qui soit, Celui du don effectif de Soi pour tout autre.

Par ces deux pôles que chante saint Jean de la Croix et que Pascal reprend dans son **Mémorial**, ceux que figurent **la Nuit** et **le Feu**, l'âme subit l'épreuve d'une triple dépossession - de soi, de l'univers, de l'autre, y compris de l'Eglise et de Dieu - dépossession sensible, noétique et spirituelle. Mais cette nuit mystique est en même temps illumination, c'est-à-dire sentiment très vif de l'Absence d'une Présence, ou si l'on veut, d'une Absence qui ne peut s'expliquer que comme le revers d'une Présence. D'où son caractère à la fois insupportable et ineffable : "Le " degré de renoncement de l'homme, aux choses, aux hommes, à soi et " à Dieu marque le degré de la saisie de Dieu et de la redécouverte en " soi de Dieu même, transfigurée. " (13).
ce dont Przywara se fait l'écho : " Le mystique, à ce degré, se " persuade qu'il est au centre de la Trinité : son âme est maintenant " déiforme, se fait Dieu par participation. L'âme opère... en la Trinité, " conjointement avec Elle, comme la Trinité même, par mode participé. " Bref, l'âme déiforme s'unit avec l'Esprit comme avec le Père, comme " avec le Fils. La Trinité, non seulement mystère pensé, mais mystère " vécu..." (14).

Cette "théopathie", ce **pâtir les choses divines** est, de l'aveu des grands mystiques, connaissance immédiate : comment le mettre en doute lorsqu'une Catherine Emmerich ou une Marthe Robin l'ont manifestée dans leur chair ? Mais, au-delà de ces états d'exception, la vie mystique peut s'exprimer dans une sorte d'existentialisme chrétien, que Simone Weil, dans son Journal a merveilleusement et poétiquement exprimé par cette nostalgie d'une patrie perdue, qui persiste dans le cours d'une vie ordinaire : il faudrait, ici, relire cet admirable prologue à sa **Connaissance surnaturelle**, cette parabole de l'intimité divine vécue une fois puis irrémédiablement perdue, enfin recherchée dans le pressentiment que l'impossible se réalisera peut-être : " Je sais bien " qu'il ne m'aime pas. Comment pourrait-il m'aimer ? Et pourtant au

" fond de moi quelque chose, un point de moi-même, ne peut pas
" s'empêcher de penser en tremblant de peur que peut-être, malgré
" tout, il m'aime." (15) Et, au fil des pages de son **Journal**, cette recherche de Dieu est comme monnayée au quotidien, tant il est vrai
qu'entre la mystique et "la vie de grâce donnée au baptême, on peut
affirmer une continuité ontologique..." (16)

IV. a. Si pour finir, pour ouvrir la discussion, on rapproche les
épistémologies propres à chacun des niveaux de la connaissance,
on reconnaîtra, à première vue, quelques dénominateurs communs :
d'abord, dans tous les cas, celui d'une rencontre de l'esprit avec une
forme vivante ou intelligible. C'est encore Simone Weil qui nous dit :
" La nécessité seule est un objet de connaissance. Rien d'autre n'est
" saisissable par la pensée. La nécessité est connue par **exploration**, par
" **expérience**. La nécessité est ce avec quoi la pensée humaine a contact.
" La mathématique est une certaine espèce d'expérience." (17)
    Or, ici, ce sont moins des formes abstraites qui nous ont retenus
que des formes du **vivant**. Que ce soit l'organicisme de la biologie, la
définition de la personne humaine par ses relations, enfin, l'introduction
par participation à la vie des Personnes divines, - que représente la
mystique organique, - la connaissance bute, chaque fois, sur un irréductible vivant, objet, ou donné d'une connaissance "naïve".

IV. b. Cependant, d'un niveau à l'autre, on observe de véritables
ruptures épistémologiques, assimilables à ces "sauts qualitatifs",
dont parle P. Mesnard à propos du passage d'un ordre à un autre, dans
la méthode de Pascal (18).
    Pour schématiser à l'extrême, la physique et la microphysique sont
le domaine où la division, la parcellisation règne en maître, - encore
que Pascal, à propos de Descartes, nous avertisse que "...De là, composer
la machine, cela est ridicule !..." Avec les sciences de la vie, la
démarche est beaucoup plus synthétique, car elle vise à saisir l'entro-
pisme fondamental des corps vivants. Avec les sciences de l'homme,
l'objet-sujet de la connaissance est au contraire saisi comme volonté
tournée **ad extra**, comme réalisation de soi dans une action vers les
autres. La connaissance de Dieu commence enfin à partir d'une négation
de soi : "Le salut pour nous consiste à voir que nous ne sommes pas",
écrit S. Weil (17). L'état de la connaissance mystique est un état passif,
où l'âme se sent "opérée", "éprise", "ravie", incorporée par participation,
à la vie divine.

IV. c. Faut-il néanmoins considérer que chacun de ces niveaux est d'une
hétérogénéité complète, l'un par rapport à l'autre, ce qui rend
vaine la comparaison esquissée en (a) ? - Ou bien, peut-on reconnaître
entre eux une certaine "complémentarité" ?
    Je vous propose de la rechercher, là encore, autour d'une autre
notion pascalienne, - celle de "figure", au sens que donne le fragment
"Les grandeurs de la chair... sont la figure des grandeurs invisibles et
beaucoup plus réelles, que sont celles de l'esprit et de la charité."
    Et d'abord, si l'homme a été créé par Dieu "à son image et à sa
ressemblance", - quoi d'étonnant à ce que la connaissance de l'homme
comme personne ne nous fasse le mieux pressentir le mystère de Dieu ?...
et que les jeunes - et de moins jeunes !... - mettent un absolu digne de

tous les sacrifices, dans cette mutuelle reconnaissance de l'autre, de la note originale que Dieu a mise en lui, dans cet amour, qui est à l'origine d'une nouvelle création de vie ?... et que l'amitié conçue comme "une conspiration des vocations" soit une valeur qui fait que, malgré ses ruines, la vie vaut tout de même d'être vécue ?... et qu'enfin la meilleure saisie de telle culture, ce prolongement social que l'individu s'est créé, soit dans ce qu'on nomme maintenant "inculturation", c'est-à-dire dans la conformation la plus intime à la coutume, à l'art, à la pensée de cette culture ? Car, dit Jésus, "comment celui qui n'aime pas son frère qu'il voit, peut-il aimer Dieu qu'il ne voit pas...?"

Si nous continuons à parler par figures et en paraboles, nous rapprocherons de la même façon, la vie sociale dans son organicisme, de la vie tout court dans sa programmation, dans l'étroite solidarité de la partie à l'ensemble, solidarité d'où la partie tire sa vie comme si cet ensemble en était plus que le support matériel et formel...

Enfin, si la création toute entière doit être "rachetée", assumée par son Créateur, la nature physique ou microphysique elle-même ne donne-t-elle pas en son dynamisme interne, qui est stabilité infinie, une image de Dieu, tel que certaines formules de Monchanin nous le suggèrent: " On dirait, par métaphore, que la vitesse infinie de ce dynamisme " interne à quoi rien ne saurait être comparé équivaut à la stabilité " infinie." (19)
On les rapprochera du fragment 72 de Pascal : "Quand on est instruit, " on comprend que la nature ayant gravé son image et celle de son " auteur dans toutes choses, elles tiennent presque toutes de sa double " infinité..."

Dans ces conditions, ne s'explique-t-on pas que la simple beauté du monde ou d'une solution mathématique soit un appel à la contemplation ?

Vous me reprocherez, au terme de cette réflexion qui avait pour objet le réductionnisme, de vous entraîner bien facilement dans cette forêt de symboles, à la suite du poète. Certes, puisque, aussi bien, notre condition humaine nous impose comme première démarche un réductionnisme méthodologique. C'était déjà Léonard de Vinci qui écrivait, à l'aube des temps modernes : "Bien que la nature commence " par la raison et termine par l'expérience, nous autres hommes, devons " suivre le chemin opposé, c'est-à-dire commencer par l'expérience et, " avec son aide, faire l'examen de la raison..." (20).

Dès lors, n'est-ce pas revenir à la logique de la nature de se livrer à la démarche inverse, - celle du physicien de Princeton ou de Pasadena qui se tourne vers la gnose, celle des biologistes du groupe interdisciplinaire de Lyon qui reconnaissent les limites du réductionnisme, celle du théologien qui va de l'esthétique à la mystique ? Et même, au simple niveau de l'existence humaine, de tout homme parvenu au terme de sa vie, n'est-ce pas pour lui retomber en enfance que de prétendre retenir les images de ce monde qui s'éloigne de lui, de s'accrocher avec nostalgie comme à des jouets aux actes que ses membres tremblants ne peuvent plus accomplir ? Ne lui sied-il pas, à l'exemple de tout vieil hindou devenant un sage **sannyasi**, de faire plutôt l'apprentissage de l'autre vie, en s'enfonçant délibérément dans "l'épaisseur du bois" ?

La démarche assez périlleuse d'épistémologies comparées à laquelle je viens de me livrer ne visait à rien d'autre qu'à prendre le contre-pied de cette mise à plat réductrice que dénonçait Koyré en 1948. Elle répond à l'une des formes de réductionnisme définies au début de notre colloque et qui consiste à confondre les sciences, appliquant aux unes les méthodes des autres ou d'une autre. Suivant le modèle épistémo-logique pascalien, je me suis efforcé au contraire de distinguer schématiquement, mais très fortement, les divers objets et les diverses démarches du savoir. Mais ce faisant, je prends bien garde de ne point tomber dans un réductionnisme inversé qui s'effectuerait "par le haut" et non plus vers "le bas". Pour passer d'une forme à l'autre du savoir n'importe-t-il pas plutôt de changer radicalement d'orientation ou d'horizon, tout comme Pascal s'était "détourné" des spéculations scienti-fiques, pour s'adonner au dialogue avec Dieu... - ou comme, dans la vie courante, il arrive de dire qu'un tel "n'a plus l'esprit" à faire telle chose, qu'il s'est détourné d'une activité d'analyste pour s'adonner à la philosophie, à la poésie, à l'amour, ou qu'il s'est retiré du monde...

Mais nous avons distingué aussi une seconde forme de réduction, plus étroitement liée aux méthodes suivies au sein de chaque science, un "réductivisme" tendant à ramener le réel complexe à ses éléments soi-disant simples. Nous avons tous reconnu la grande efficacité pratique d'une telle procédure et, en même temps, l'illusion où nous serions de voir en elle le moyen de nous rendre "possesseurs" de la "réalité", de la "recréer" à partir d'une "synthèse" de ses éléments qui ne serait, en fin de compte, qu'une reconstruction ou qu'une manipulation. M. Le Guyader vient de montrer à quelles difficultés la démarche holiste se heurtait en matière biologique.

Il reste qu'à ce niveau épistémologique, cette démarche holiste paraît tout à fait complémentaire de l'autre. Ne serait-ce pas dans la logique de notre recherche d'effectuer la même critique sur une recom-position "systémique", sur ce "langage inclusif" opposé au langage "discursif", et dont on vient de nous dire qu'il reste à "inventer" ? Ne devrions-nous pas nous demander, au moins, quelles en sont l'utilité méthodologique et les limites, comme nous l'avons fait au sujet du réductionnisme ?

Le présent colloque venait à peine de s'achever, que paraissaient les Actes d'un autre colloque qui s'est tenu sur "Science, technique et domaine du spirituel", en Extrême-Orient, dans l'Université japonaise de Tsukuba (21). Il y fut procédé à une confrontation des diverses voies de la connaissance, dans un même esprit d'interdisciplinarité la plus large (on a même voulu aller plus loin en parlant de "transdisciplinarité"...). Or, deux de ses organisateurs, Hubert Reeves et Michel Cazenave ont souligné le contraste révélé par les débats entre une conception dualiste, discursive de l'esprit scientifique occidental et le processus globalisant que recouvre la notion japonaise de **Ki**, dont la nécessité s'est faite finalement reconnaître des Occidentaux...(22). Pour sa part, M. Cazenave s'est demandé s'il y avait, ou non, complémentarité entre les diverses voies de la connaissance et en quoi elle pourrait consister. Il a émis l'hypothèse qu'une telle étude comparatiste, sans nous procurer une vision plus synthétique des choses, nous ferait cependant parvenir à "une synthèse disjonctive", c'est-à-dire à une mise en situation correcte de l'homme-observateur, - point à partir duquel il présiderait à une meilleure distribution des différents savoirs (23).

Ne pourrions-nous pas, selon les voies que nous venons de suivre et qui nous sont propres, nous fixer un objectif analogue, au double niveau des sciences comparées et de l'épistémologie au sein de chacune d'elles, - mûs par une même intention sous-jacente, - rendre l'homme à lui-même, et lui permettre de dominer "l'idéologie technologique" qui l'emprisonne ?

Notes et références

(1) Reproduit dans **Etudes newtoniennes**, Gallimard, 1968, pp. 42-43.

(2) cité par Jeanne RUSSIER "L'expérience du Mémorial et la conception pascalienne de la connaissance" dans **Blaise Pascal, l'homme et l'oeuvre,** Cah. de Royaumont, 1956. Cf. aussi fragment 829 de Pascal.

(3) C. CANGUILHEM, **La connaissance de la vie**, 1965, chap. I : "La pensée et le vivant", p. 13.

(4) **Ibid.** p. 11.

(5) "C'a été pour moi une grande satisfaction de marquer tout ce qu'il " y a de niaiserie dans le positivisme où il n'y a rien que ce que la " science y a mis." - L. Pasteur à Legouis, 4 juillet 1882, cité dans H. CUNY, **Louis Pasteur**, Seghers, 1963.

(6) Jules MONCHANIN, **Théologie et spiritualité missionnaires,** Beauchesne, 1985, pp. 155-156.

(7) Pierre Renouvin préparait, lorsque la mort le surprit, un ouvrage sur l'histoire de l'opinion publique en 1917.

(8) **Oeuvres complètes** de Louis Pasteur, t. VII, p. 326. Discours du 27 avril 1882.

(9) Cf. la controverse entre les PP. Poulain et Saudreau, la thèse de J. BARUZI sur saint Jean de la Croix en 1924, etc.

(10) Coll. "rencontres", 1985.

(11) **op. cit.** pp. 140-143. Cf. "La mystique consciente est cette foi devenue expérience". (143).

(12) **Saint Jean de la Croix et le problème de l'expérience mystique.** Alcan, 1924.

(13) **op. cit.** p. 149. Toute la suite mériterait d'être citée, notamment : "Il se détourne de Dieu même en tant qu'éprouvé, fait l'expérience " abyssale : "épaisseur du bois". S'il intériorise la passion, solitude du " Christ - c'est parce qu'il a été jusqu'au bout de la solitude, qu'il va " jusqu'au bout de la présence -. Il retrouve Dieu, sans mode et pourtant " trinitaire qui l'appelle à l'union nuptiale = échange de dons, de " pensées, de vie, joie substantielle, noétique et affective - chantée dans " le Cantique (...) : "Je te connaîtrai Toi-même en Ta beauté, et Tu te " connaîtras Toi-même en ma beauté, et Ta beauté sera ma beauté et " ma beauté sera Ta beauté."

(14) J. MONCHANIN, "Saint Jean de la Croix", note inédite, arch. Duperray.

(15) Simone WEIL, **La connaissance surnaturelle**, Gallimard, 1950, prologue, p. 10.

(16) **op. cit.** de J. MONCHANIN, **Théologie...** p. 156.

(17) Simone WEIL, **La connaissance surnaturelle**, Gallimard, 1950, p. 94.

(18) Jean MESNARD, "Universalité de Pascal" dans **Méthodes chez Pascal**, PUF, 1979, p. 346.

(19) J. MONCHANIN, "Trinité : essai à partir du personnalisme" dans **Jules Monchanin**, Paris-Tournai, 1960, pp. 192-193.

(20) Cité par R. KLIBANSKI, "Léonard de Vinci, l'expérience scientifique au XVIe siècle" dans **Léonard de Vinci**, coll. du CNRS., 1953, pp. 234-235.

(21) **Colloque du Tsukuba : sciences et symboles. Les voies de la connaissance,** présenté par Michel CAZENAVE, Albin Michel, France Culture, 1986.

(22) **id.** pp. 442-443.

(23) **id.** pp. 15-16.

Collection
SCIENCE - HISTOIRE - PHILOSOPHIE
dirigée par Michel DELSOL

L'INTUITION
ONTOLOGIQUE

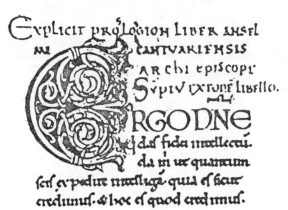

St Anselme Cod. Oxoniensis Bodleian. Bodley 271, fol. 30 v

Roger PAYOT

1986

Un volume 16,5×24,5
163 pages
120 F

Roger PAYOT
Agrégé de Philosophie
Docteur-ès-lettres
Professeur en classes préparatoires
Chargé de cours
à l'Université Jean Moulin (Lyon III)

Librairie Philosophique J. VRIN
6, place de la Sorbonne
75005 PARIS

Institut Interdisciplinaire
d'Études Épistémologiques
25, rue du Plat 69002 LYON

REFLEXIONS A LA FIN D'UN COLLOQUE

par

Raymonde Leyris

Distinguer les questions relatives au réductionnisme aide à estomper la connotation polémique de cette notion, et les positions passionnelles qu'elle suscite.

I - L'enjeu philosophique

Il arrive qu'un homme de science, extrapolant quelques résultats acquis dans son domaine de recherche, produise une interprétation générale du réel, du monde, de l'homme. Cette "philosophie" est réductionniste dans la mesure où elle prétend rendre intégralement compte (Le "ne.que..." repéré par Mme Parain-Vial) de réalités jugées supérieures par leur complexité, par une réalité d'un niveau plus simple.

Quand il procède de la sorte, le savant :
1 - "ontologise" sa représentation : il postule que son discours révèle l'être même du réel qu'il identifie à ses conditions-d'existence-telles-qu'elles-sont-connues-de-lui, confond carte et territoire ;
2 - généralise une représentation qui a trouvé sa légitimité dans son ajustement à un domaine particulier. (Payot donne en exemple l'explication de toutes les manifestations de l'humain par l'organisation neuronale ; et il rappelle la définition du réductionnisme donnée par Nagel : connexion entre les termes d'un domaine et les termes d'un autre domaine jusqu'à élimination des uns au profit des autres, et dérivation de toutes les lois d'un domaine à partir des lois de l'autre) ;
3 - objective la réalité générale dont il prétend parler, se met par rapport à elle en position d'extériorité, voire de transcendance.

Cette façon de procéder appelle discussion.
Ajournons la critique proprement épistémologique pour examiner d'abord la portée philosophique du réductionnisme.

a) Expliquer une réalité par une autre aboutit à ordonner le monde, mais ne rend compte ni de son existence, ni même de son ordre. Ramener tout ce qui existe à un seul niveau de réalité fait porter à celui-ci la charge de ce tout, mais ne résout nullement le problème ultime qui mobilise le philosophe : que quelque chose, ordonné ainsi ou autrement, existe. (Conclusion de Delsol).

b) Forcément dépendante de ses conclusions scientifiques, la "philosophie" du réductionniste est soumise aux aléas du mouvement intellectuel, qu'il s'agisse de modes ou de découvertes effectives renouvelant les théories. De là la précarité de cette "philosophie" et l'obsolescence rapide des ouvrages qui l'exposent. (Changeux a relayé Monod, jusqu'à ce que...).

c) Pourquoi continuer à nommer "philosophie" une pensée qui s'arrête au seuil des problèmes ultimes, et que son lien avec des vues scientifiques inévitablement mobiles voue à une prompte déchéance ? Disons carrément qu'à la doctrine réductionniste font défaut les caractéristiques de la démarche philosophique : le temps critique, la remontée vers un fondement, l'élaboration rigoureuse d'une conceptualisation appropriée. Reste une idéologie, dont "les modes de pensée... sont devenus tellement " dominants au cours des dernières années qu'ils finissent par constituer " ce qu'on peut appeler l'idéologie de la science elle-même, qui prétend " avoir une importance universelle et remplacer totalement toutes les " autres formes de connaissance." (1). On consentira d'autant plus facilement à avouer ici une forme d'idéologie qu'on observera nombre de cas où un présupposé, que ni la science ni la philosophie n'ont discuté et établi, met en route l'interprétation. Témoin Vigier déclarant : "Les " problèmes de la conscience doivent être définis comme problèmes " posés à partir de la pratique scientifique, et non pas comme problèmes " extraits en somme d'une conception extérieure à la science et con- " frontés à la base pour montrer qu'il y a des questions auxquelles la " science ne pourrait pas répondre." (2). Témoin Pavlov justifiant ainsi une méthode positive : "Le mouvement de la plante vers la lumière et " la recherche de la vérité par l'analyse mathématique ne sont-ils pas " en vérité des phénomènes du même ordre ? Ne sont-ils pas les " chaînons extrêmes de la chaîne presqu'infinie de l'adaptation qui " s'accomplit dans tout le monde vivant ? Nous pouvons analyser " l'adaptation dans ses formes les plus simples en nous appuyant sur des " faits objectifs. Quelle raison aurait-on de changer de méthode pour " étudier les adaptations d'un ordre supérieur ?" (3). Témoins encore les auteurs qui subtilisent une théorie pour la sauver quand le réel semble s'employer à la démentir. (Barreau donne l'exemple de Sartre et Habermas "subtilisant" le marxisme, à mesure que la réalité historique le lamine). Témoin, cru et naïf, le combattant de la guerre d'Espagne qui proclame : "On m'a toujours appris que la terre tourne autour du " soleil, mais ça ne me persuade pas. Si l'homme n'est pas un absolu en " toutes choses, il n'y a plus de dignité révolutionnaire." (4).

d) Pour n'être apparemment que terminologique, le pas qui vient d'être accompli déplace radicalement la question : elle ne concerne plus la possibilité d'expliquer le supérieur par l'inférieur, mais la possibilité pour une philosophie d'emprunter ses principes explicatifs à une science. (On voit poindre alors la troisième forme de réductionnisme repérée par Payot). C'est la spécificité de la science et celle de la philosophie qui font maintenant l'objet de la discussion.

Du coup, l'horizon s'élargit, et invite à interroger aussi des pensées qui, partant d'une science, débouchent dans une "philosophie" non matérialiste, comme on l'observe chez ces physiciens (évoqués par Mme Parain-Vial) pour qui la réalité qui sous-tend le sensible est de l'ordre de l'esprit ; chez Teilhard de Chardin, chez Lecomte du Noüy, chez Vandel.

Dira-t-on qu'il ne s'agit plus ici de réductionnisme ? Etymologiquement parlant, plus que jamais ! Car ce contexte réactualise le sens originaire du mot : **reducere**, c'est reconduire. Les réductions jésuites du Paraguay reconduisent à Dieu l'âme des infidèles, et le médecin ramène à sa position juste l'os fracturé. Loin que le moins explique le plus, ici, au contraire, l'inférieur est sauvé par le supérieur qui réduit les écarts par rapport au sens droit, à la voie directe. Et celui qui, tenant la science pour la plus haute réalisation de l'esprit, veut y ramener tout le savoir, opère, si l'on veut, une réduction, mais une réduction qui, à l'opposé de tout matérialisme, libère le supérieur de l'inférieur !

e) L'enjeu philosophique du réductionnisme, ici dévoilé, concerne la spécificité même de la philosophie. Spécificité dont il lui appartient, à elle seule, de faire la preuve. Dénoncer l'impérialisme scientiste en tirant argument des limites d'une approche scientifique du réel, cette tâche indirecte et négative n'a valeur que de préalable. Que, sans timidité devant les sciences (fussent-elles "humaines"), une énergie créatrice porte et féconde la démarche philosophique, renouvelle les problématiques et les concepts : telle est la tâche directe. Elle clôt un versant de la question du réductionnisme, le versant où celui-ci s'annonce comme "métaphysique scientiste" ou "idéologie".

Avant d'aborder l'autre versant, méthodologique, une dernière remarque. On ne peut refuser d'intégrer à l'image de l'homme et du monde les résultats de la science ; on ne peut refuser qu'une approche poétique du réel embraye sur une science (exemple : Reeves. **Patience dans l'azur**) ; on ne peut refuser à l'activité créatrice de mythes de prendre son élan sur des théories savantes. A l'opposé des réductions, même non matérialistes, image, poésie, mythe font plus que prolonger ou extrapoler : ils font foisonner des significations. La vérité y gagne, elle y pressent des chemins à ouvrir, elle y capte la lumière mystérieuse qui baigne les marges indécises. Sous réserve, bien entendu, que ces pensées ne prétendent pas bénéficier de l'autorité reconnue à la science à laquelle elles empruntent leurs motifs. Exemple : à certains mécanismes décrits par Freud s'adapte aisément une méthodologie déterministe ; par contre d'autres, comme l'instinct de mort, répugnent à un traitement scientifique. Ces concepts, qui dépassent "toujours les limites " déterministes de sa théorie... sont, au meilleur sens du terme, une " mythologie. Freud ne se résigna jamais à renoncer à cette dimension " mythique de sa pensée" ; or "sa mythologie est essentielle à sa con- " tribution fondamentale à une nouvelle image de l'homme, à savoir " entraîné par des forces démoniaques, tragiques et destructives." (5).

II - Examen épistémologique du réductionnisme

a) On ne discute pas le réductionnisme en tant que méthode. A la limite, il se confond presque avec l'expérimentation : ainsi quand on le définit comme la méthode qui consiste "à expliquer les propriétés de " modèles simplifiés, en gardant constants tous les paramètres sauf un " qu'on fait varier systématiquement" (6). Depuis Galilée et Descartes, il a permis les succès de la science occidentale. (Payot a rappelé l'éloge qu'en fait Popper). Un examen pertinent de sa portée doit éviter de le... réduire, le considérer dans toute son ampleur, prendre en compte par exemple les tentatives de Frege, Russell pour ramener le mathématique au logique, ainsi que "l'idéal ambitieux de la géométrisation de la " physique, c'est-à-dire l'espoir d'atteindre en définitive, pour rendre " compte des éléments ultimes, les structures pures de la géométrie, " entièrement transparentes à la pensée." (7).

b) Parmi les incitations au réductionnisme, multiples et d'ordres divers, relever :
1 - La naïveté égocentrique du chercheur. "Les faits peuvent... toujours " être étudiés à des niveaux différents... Chacun a un peu tendance à " croire que le plan sur lequel il travaille est le seul fondamental." (8)
2 - L'esprit expérimental. Il prélève dans le réel un objet apte à être traité méthodiquement, c'est-à-dire un fait directement observable. (Denizot : incidence sur la nomenclature du culte du fait qui obsède le naturaliste. Poulat : la sociologie des religions de Le Bras réduit son objet aux pratiques religieuses, ce qui lui permet d'établir des statistiques de démographie religieuse. Pequignot : comment l'observation des anomalies anatomiques commande et bloque l'interprétation physiologique, dans l'histoire des ptoses). Le positivisme logique pousse à l'extrême l'exigence d'une référence au fait (Payot). Il faut néanmoins remarquer que le culte du fait n'a pas que des effets réducteurs, et contribue parfois au contraire à sauver des réalités menacées, pour des raisons variées, d'insignifiance. (Poulat : traitant la religion comme fait, la sociologie impose d'en reconnaître la positivité à une société laïque qui pourrait être tentée de l'évacuer. Delsol : les théories biologiques de l'évolution reposent sur une accumulation de petits faits - ce qui, on peut le supposer, donne sens à ces petits faits.)
3 - Les conditions du partage de l'espace à explorer, partage qui délimite le terrain laissé à chaque science et en dessine les frontières. (Poulat : la sociologie des religions a hérité d'un terrain pré-loti...). Ici aussi des nuances s'imposent. Ces frontières, en effet, il n'est pas rare qu'un concept les traverse ; et ce phénomène de migration des concepts ne joue pas à sens unique : la discipline qui accueille un concept venu d'ailleurs peut laisser se désagréger, dans cette "langue étrangère", son discours propre sur son objet, ou bien au contraire y trouver un instrument pour penser, en des termes déjà présents dans le monde scientifique, telles propriétés spécifiques de son objet. (Le Guyader : comment la biologie peut s'approprier efficacement le concept mathématique de "système dynamique".)

c) Les dangers épistémologiques du réductionnisme.
Une réduction laisse des résidus. (Popper cité par Payot.) "Comme " outil de travail, le réductionnisme est sans égal. Les problèmes

" commencent lorsque l'outil est élevé au rang de principe philosophique.
" On ignore alors que, si l'on veut expliquer complètement un fait ou
" un processus, il faut l'extraire du vide où il est plongé par le réduc-
" tionnisme et le replacer dans toute la confusion du monde réel, avec
" lequel il est en fait en perpétuelle interaction." (9)

D'où un appauvrissement de la représentation du réel. "De mathé-
" matiser une situation, on ne recueille que la vérité de sa mathéma-
" tisation." (10)

De plus l'explication réductrice ne produit qu'une illusion d'aboutissement, car elle entame un processus à relancer indéfiniment, de niveau
en niveau et, comme tel, inachevable. (Delsol : à réduire le biologique
au physique, on tient celui-ci pour irréductible, et on pose par là une
limite au réductionnisme.)

d) La dénonciation des dangers du réductionnisme - utile mise en
garde - a toutes chances de rester vaine, à moins que la science elle-
même, dans son développement, ne la prenne en charge. Il appartient à
l'épistémologue d'aujourd'hui de discerner comment ce réductionnisme, auquel
on l'a vu, le savant est incité, la science actuelle tend à l'évacuer, par
son organisation, par les modes de pensée qu'elle développe, par les
concepts qu'elle élabore, par la vision qu'elle prend d'elle-même.

1 - L'examen du réductionnisme demande la prise en considération
de l'ensemble des sciences et de l'ordre qui permet de déterminer, dans
cet ensemble, des niveaux inférieurs et supérieurs.

Si un regard suffit à constater l'osmose effective entre disciplines,
(Le Guyader, Poulat : osmose entre sociologie et histoire.) une mise en
place du système des sciences lui apporte une validation théorique. A la
classification linéaire héritée de Comte, Piaget substitue une ordonnance
circulaire, situe sur un cercle quatre groupes fondamentaux de sciences :
mathématiques, physique, biologie, psychologie et sociologie. La situation
de la logique détient la clé de l'argumentation. "Sitôt que l'on considère
" l'objet des disciplines et leur épistémologie dérivée, (c'est-à-dire
" l'analyse des relations entre le sujet et l'objet) il devient clair que
" l'objet de la logique ne peut être entièrement détaché du sujet, pour
" autant que la logique formalise des structures opératoires construites
" par ce dernier... La psychologie et les sciences de l'homme étudient
" ce dernier en utilisant en partie les techniques des sciences précé-
" dentes, mais le sujet humain construit par ailleurs les structures
" logico-mathématiques qui sont au point de départ des formalisations
" de la logique et des mathématiques. Au total le système des sciences
" est engagé en une spirale sans fin, dont la circularité n'a rien de
" vicieux mais exprime sous sa forme la plus générale la dialectique du
" sujet et de l'objet." (11). Ce schéma fonde les rapports de dépendance,
mais de dépendance interactive entre les disciplines ; aucune d'elles ne
constitue un commencement absolu, ne représente le degré ultime de la
simplicité sur lequel on pourrait rabattre tous les autres. Dans le processus spiralé indéfini que lance l'ordre circulaire, le réductionnisme
perd toute signification possible. "Un tel cercle n'a rien de vicieux
" puisqu'il ne se ferme jamais et qu'à le parcourir on augmente à chaque
" tour le niveau des connaissances : le processus effectif est donc celui
" d'une montée en spirale ou, si l'on préfère, d'une marche dialectique,

" telle que chaque nouvel échange entre le sujet et l'objet ouvre la
" perspective d'un nouveau progrès possible soit dans la conquête du
" réel soit dans l'affinement des instruments déductifs." (12)

2 - La science contemporaine fait reculer certains modes de pensée
où le réductionnisme trouve habituellement appui.

- Recul de déterminisme. Les physiciens nient le déterminisme au
niveau de l'infiniment petit, au niveau du proton ; or la réalité biologique est si miniaturisée qu'on peut admettre qu'un seul proton peut
influencer un individu. (Delsol)

- Recul du causalisme linéaire et progressiste, support du transformisme matérialiste (G. Laurent), au bénéfice d'une vision systémique ou
totalisante. La vision systémique éclaire les transformations du réel par
le jeu de structures que la logique maîtrise. La vision totalisante
reconnaît dans la cellule la présence de toute l'information porteuse de
l'organisme, et explique de là les phénomènes "holistes", tels la régénération, les régulations.

Ces reculs ne font pas barrière au réductionnisme méthodologique,
mais ils lui donnent un visage où l'on a peine à retrouver les traits qui
étaient les siens au temps de l'analytisme triomphant.

3 - Parmi les concepts aujourd'hui repensés, celui du Complexe
dans son rapport au Simple touche immédiatement la question du réductionnisme.

- Impossible de ne voir entre Simple et Complexe qu'une différence
quantitative depuis que Bachelard a établi qu' "il n'y a pas d'idée
" simple, parce qu'une idée simple... doit être insérée, pour être com-
" prise, dans un système complexe de pensées et d'expériences" (13) ;
depuis, aussi, que la physique, partie à la recherche de l'a-tome, annonce
sans cesse la naissance de nouveaux corpuscules sans jamais clore la
série sur un dernier, tenu pour simple ; depuis enfin que l'on constate
que des descriptions simples d'un phénomène deviennent très complexes
lorsqu'on tente de les ajuster à un niveau inférieur d'analyse du phénomène. (Le Guyader donne l'exemple de la chaleur, phénomène simple au
niveau global, très compliqué au niveau moléculaire).

- Nous disons simple, en fait, ce que nous maîtrisons assez pour en
faire une base pour la compréhension de l'inconnu que nous cherchons à
y ramener. Il ne faut donc pas dissimuler la relativité de ce Simple à
l'histoire - largement contingente - de la pensée. Si Descartes avait été
moins bon géomètre, ou si la physique avait commencé par l'électricité,
quelle figure aurait notre Simple ? Et les modèles mécaniques auraient-
ils si longtemps imposé leur forme de simplicité ?

- Surtout, le travail scientifique, dans plusieurs secteurs, suscite
aujourd'hui une élaboration de l'idée de Complexité, qui condamne toute
possibilité même de réductionnisme.

La complexité se distingue radicalement de la complication. "Celle-
" ci n'exprime à la limite qu'un grand nombre d'étapes ou d'instructions
" pour décrire, spécifier ou construire un système à partir de ses cons-
" tituants." (14). Autant dire que le compliqué peut, par réductions, se
ramener au simple. Par contre il faut cesser de situer le complexe au
pôle opposé au simple dans un univers homogène. Entre les deux la
coupure évoque celle que Pascal met entre les trois ordres, (reprise par
Gadille entre trois domaines de connaissance). Dès lors "le simple n'est

" qu'un moment arbitraire d'abstraction arraché aux complexités." (15)

Positivement, que mettre sous le terme de complexité ? "On sait
" depuis Brillouin que la quantité d'information d'un système (la fonction
" H de Shannon) est la mesure de l'information qui nous manque, l'incer-
" titude sur ce système. C'est en cela qu'elle en mesure la complexité." (16)
Dès lors le "bruit", le désordre accroît la complexité. Un système
complexe, comme le vivant, récupère le désordre pour s'auto-réorganiser.
" On peut concevoir l'évolution de systèmes organisés, ou le phénomène
" d'auto-organisation, comme un processus d'augmentation de complexité
" à la fois structurale et fonctionnelle résultant d'une succession de
" désorganisations rattrapées suivies chaque fois d'un rétablissement à
" un niveau de variété plus grande et de redondance plus faible." (17)
Dans les systèmes complexes, varient en raison inverse l'automatisme
machinal strictement déterminé, et l'aptitude à s'organiser en intégrant
les perturbations ; la centralisation rigide avec spécialisation et hiérarchie des éléments, et les capacités stratégiques, jouant sur les inter-
communications pour inventer des combinaisons inédites.

Ainsi pensée, la complexité ne saurait passer pour un concept flou
(une "solution verbale" comme, selon Laurent, l'idée teilhardienne
d'émergence), un instrument tactique destiné à dénoncer le réductionnisme
simplificateur ou à couvrir un holisme sans rigueur. "La pensée complexe
" ne vise pas la "totalité" dans le sens où ce terme substitue une simpli-
" fication globalisante à la simplification atomisante, la réduction au
" tout succédant à la réduction aux parties. Elle vise la relation entre les
" niveaux moléculaires/molaires/globaux.
" La pensée complexe vise, non pas l'élémentaire - où tout se
" fonde sur l'unité simple et la pensée claire - mais le radical, où
" apparaissent incertitudes et antinomies." (18)

4 - Revenons à la condition postulée par le réductionnisme : la
hiérarchie apparente des formes de l'être est dénoncée comme illusion
par l'explication scientifique. Ramenant le supérieur à l'inférieur, ou
- expression plus prudente tendant à neutraliser la qualité au profit de
la quantité - le complexe au simple, le réductionnisme contient une
prise de position axiologique.

Supériorité, complexité, qualité **sui generis** : ces termes substituables
désignent ce que l'explication réductrice gomme, récuse comme trait de
valeur non avenu dans une approche scientifique.

La résistance au réductionnisme prend appui sur l'évidence de
cette valeur. Quelle est la source de cette évidence, sinon le fait que
la valeur en question est nôtre ? Ce n'est pas un hasard si les discussions
les plus vives ont concerné le réductionnisme biologique et psychologique
qui n'est, on l'a vu, pourtant pas le seul. La parenté-en-la-vie du biologiste et de son objet commande, selon Canguilhem, l'originalité de la
science du vivant. "Nous soupçonnons que, pour faire des mathématiques,
" il nous suffirait d'être des anges, mais pour faire de la biologie,
" même avec l'aide de l'intelligence, nous avons besoin parfois de nous
" sentir bêtes." (19)

Cette appartenance du savant au monde de la vie, le réductionniste
la met entre parenthèses, il camoufle la lumière que sa familiarité avec
la vie qui l'anime lui procure, au profit d'une extériorité mutuelle

conforme aux axiomes de la méthodologie positiviste.

Mais poser le monde hors de la conscience et hors du corps de l'homme, oublier que ce corps habite le monde et que la conscience y sélectionne les objets qu'elle offre à l'étude scientifique (Mme Parain-Vial), est-ce ascèse méthodologique ou occultation commode ?

L'examen de cette question ne relève plus seulement aujourd'hui de la spéculation **a priori**. En effet dans l'épistémologie interne dont beaucoup de sciences doublent aujourd'hui leurs recherches objectives, fait son chemin l'idée que le sujet (au besoin "épistémique") n'occupe pas, par rapport à l'objet étudié, une position de radicale extériorité. On sait comment la microphysique a servi de tremplin à cette idée : les relations d'incertitude attestent que le sujet intervient dans le phénomène qu'il examine. Sans exploiter le thème, maintenant banal, de l'enracinement de l'activité scientifique dans une structure cérébrale et dans un contexte socio-historique qui oriente le choix et le traitement de l'objet, rappelons seulement la remarque de Guye : c'est l'échelle d'observation qui crée le phénomène ; elle suffit à rendre impossible la dissociation de l'objet et du sujet.

Dans ces conditions, c'est par un tour de passe-passe que le biologiste réductionniste élude la qualité **sui generis** de la vie, en dénie la complexité. Et on comprend aisément que, quand, sous prétexte d'observation objective, il met un vivant dans une situation artificielle, de laboratoire, où celui-ci ne trouve pas à ancrer ses valeurs, à reconnaître un sens vital, il aboutisse à des conclusions qui dénient ces valeurs et ce sens.

En définitive, l'organisation du corps des sciences selon un ordre circulaire, la prééminence de l'approche systémique et non déterministe, l'élaboration qui rend irréductible l'idée de complexité, la solidarité du sujet et de l'objet qui dénonce comme méconnaissance le refus de toute position de valeur - tous ces traits que l'épistémologue relève dans la science contemporaine tendent à en expulser le réductionnisme.

III - Au sortir du réductionnisme

Au sortir du réductionnisme s'offre l'horizon d'un monde pluriel. La physique s'y divise en deux tableaux, classique et quantique (Barreau) ; elle forme des concepts inédits pour penser l'inouï, le non localisable, l'imprévisible (Parain-Vial) ; la biologie, tendue entre les deux pôles de l'action et de la compréhension, se partage en un versant analytique et un versant holiste (Le Guyader). A l'opposé de la mise à plat opérée par la quantification réductionniste, un tel horizon appelle une mise en perspective en plans qualitativement séparés (comme le suggère Koyré cité par Gadille). Car dans ce monde pluriel aucun étage du réel ne détient le secret d'un autre.

S'orienter dans ce monde demande quelques axes de référence. Une description les fournirait qui établirait le statut des divers étages du réel, depuis les idéalités mathématiques jusqu'au sujet conscient. A qui la charge d'une telle description ? aux sciences ? à la phénoménologie? A propos de tout savoir exposé à la tentation réductionniste, formulons

ce voeu : "Il ne faut pas regretter de voir la biologie faire de son
" champ propre un chantier expérimental. Tout ce qu'on pourrait sou-
" haiter, c'est qu'on reconnaisse une urgence, plus grande qu'on ne le
" fait, à l'explicitation, c'est-à-dire à la mise en évidence et à la concep-
" tualisation des modes phénoménologiques du système vivant lui-même." (20)
Voeu immédiatement assorti d'un espoir : "Peut-être alors s'acheminera-
" t-on vers une physique qui cesserait de se définir, grâce à un long
" contresens historique, comme science de la matière et de l'énergie,
" pour devenir ce qu'elle n'aurait jamais dû cesser d'être, la science de
" la **phusis**, au sens le plus général du terme, englobant comme deux
" cas particuliers l'animé et l'inanimé." (21).

Références

(1) H. Rose in **L'idéologie de/dans la Science**, ouvr. coll., Paris, Seuil, 1977, p. 167.

(2) J.P. Vigier in **Structuralisme et marxisme**, ouvr. coll., Paris, U.G.E, 1970, p. 263.

(3) I.P. Pavlov cité par A.N. Leontiev au symposium de l'Association de psychologie scientifique de langue française, Strasbourg, 1956.

(4) G. Santillana, **Le procès de Galilée**, club du meilleur livre.

(5) R. May in **Psychologie existentielle**, ouvr. coll., Paris, l'Epi.

(6) H. Rose **op. cit.** p. 167.

(7) J. Ullmo in **Logique et connaissance scientifique**, ouvr. coll., Paris, Gallimard, 1967, p. 672.

(8) P. Fraisse, J. Piaget, **Traité de psychologie expérimentale**, ouvr. coll. Paris, PUF, 4ème éd., vol. 1, p. 77.

(9) H. Rose **op. cit.** p. 167.

(10) D. Sibony in **Pourquoi les mathématiques**, ouvr. coll. Paris, U.G.E, 1974, p. 106.

(11) J. Piaget, **Epistémologie des sciences de l'homme**, Paris, Gallimard, 1972, p. 105.

(12) J. Piaget in **Logique et connaissance scientifique, op. cit.**, p. 1223.

(13) G. Bachelard, **Le nouvel esprit scientifique**, Paris, PUF, 1949, p. 148.

(14) H. Atlan, **Entre le cristal et la fumée**, Paris, Seuil, 1979, p. 76.

(15) E. Morin, **La méthode I**, Paris, Seuil, 1977, p. 150.

(16) H. Atlan, **op. cit.**, p. 74.

(17) H. Atlan, **op. cit.**, p. 49.

(18) E. Morin, **La méthode II**, Paris, Seuil, 1980, p. 359.

(19) G. Canguilhem, **La connaissance de la vie**, Paris, Hachette, 1952, p.12.

(20) F. Meyer **in Logique et connaissance scientifique, op. cit.,** p. 819.
(21) F. Meyer, **Ibid.** p. 821.

En guise de conclusion...

S'il pouvait demeurer quelques doutes quant à l'opportunité de notre colloque, nous croyons que la lecture des communications que nous publions ici suffirait à les dissiper et nous en profitons pour remercier chaleureusement tous les collègues venus travailler avec nous.

Il y a bien une question du réductionnisme et nous nous en sommes aperçus en soumettant, si l'on peut dire, le réductionnisme à la question.

Certes, comme le disait lors de la séance de clôture le Professeur Dagognet, la grande tradition de la science et de l'épistémologie française n'a jamais sacrifié au démon du réductionnisme, malgré quelques exceptions d'ailleurs illustres.

Il n'en reste pas moins que le réductionnisme représente une dimension incontestable de la recherche scientifique. Tous les participants au colloque sont tombés d'accord pour admettre deux conclusions qui ne sont peut-être pas antithétiques si l'on comprend qu'elles sont situées à des niveaux différents :

a) le réductionnisme est un moment analytique indispensable de la démarche scientifique ; de Claude Bernard à Popper, tous le proclament

b) mais l'usage du réductionnisme comme argument en faveur du scientisme ou encore plus gravement comme alibi ou justification d'une quelconque idéologie comporte des dangers majeurs sur lesquels il n'est pas question de revenir ici.

N'aurions-nous éclairci que ces deux points que notre travail n'aurait pas été vain. Mais il faut continuer. Après avoir taillé, il convient de recoudre ; après l'analyse, la recomposition et les ensembles.

C'est pourquoi nous avons le plaisir d'annoncer ici un second colloque qui sera consacré à la synthèse et que nous organiserons prochainement.

Ainsi, fortifiés par l'intérêt de notre première rencontre, envisageons-nous une série de réflexions qui nous permettront de traiter des grands problèmes de l'épistémologie contemporaine dans un esprit de concertation interdisciplinaire.

M. DELSOL   R. LADOUS   R. PAYOT

Cette collection veut être l'expression de l'Institut Interdisciplinaire d'Etudes Epistémologiques qui réunit un groupe de naturalistes, historiens, philosophes et théologiens :

Henri-Paul CUNNINGHAM
Ph. D. (philosophie des sciences)
professeur à l'Université Laval. Québec

Michel DELSOL
docteur ès sciences (biologie), docteur en philosophie
directeur à l'Ecole Pratique des Hautes Etudes
professeur à la Faculté catholique des sciences de Lyon

Janine FLATIN
docteur de l'Université Lyon I
Ecole Pratique des Hautes Etudes

Jacques GADILLE
docteur ès lettres (histoire)
professeur à l'Université Lyon III

Madeleine GUEYDAN
docteur en sciences naturelles (biologie)
chercheur Faculté catholique des sciences de Lyon

Thomas de KONINCK
Ph. D. (anthropologie philosophique), M.A. Oxon.
professeur à l'Université Laval. Québec

Régis LADOUS
docteur ès lettres (histoire)
maître-assistant à l'Université Lyon III

Goulven LAURENT
docteur ès lettres (histoire des sciences), licencié en théologie
directeur de l'Institut Lettres-Histoire
de l'Université catholique de l'Ouest. Angers

James E. MOSIMANN
Ph.D. (Zoology). University of Michigan
M.Sc. (Statistics). The Johns Hopkins University
Chief Laboratory of Statistical and Mathematical Methodology
National Institutes of Health. Bethesda. Maryland

René MOUTERDE
docteur ès sciences (géologie), licencié en théologie
directeur de recherches au C.N.R.S.
doyen de la Faculté catholique des sciences de Lyon

Roger PAYOT
agrégé de philosophie, docteur ès lettres
professeur en classes préparatoires. Lyon

Christiane RUGET
docteur ès sciences (micropaléontologie)
chargée de recherches au C.N.R.S.

Philippe SENTIS
docteur ès sciences (mathématiques),docteur ès lettres (philosophie)
sous-directeur de laboratoire au Collège de France

Les membres de l'Institut Interdisciplinaire d'Etudes Epistémologiques veulent :
- défendre une rationalité enracinée dans le passé et en même temps ouverte et évolutive
- pratiquer une interdisciplinarité véritable, lieu fécond de relations indispensables entre des disciplines complémentaires
- affirmer l'existence d'un certain nombre de valeurs permanentes et vivantes.

Ils pensent qu'une vérité scientifique existe objectivement et qu'elle peut être approchée par des procédures de vérification toujours renouvelables et contrôlables. Ils combattent tous les dérapages idéologiques, les extrapolations et analogies abusives, les réductionnismes simplistes, la confusion des domaines.

*   *

*

Outre les travaux qui tentent de refléter cet état d'esprit, ils acceptent de publier dans leur collection des ouvrages très divers et d'orientations différentes pourvu que ceux-ci permettent un débat libre et sans préjugé.

Collection SCIENCE - HISTOIRE - PHILOSOPHIE

Ouvrages parus

Darwin, Marx, Engels, Lyssenko et les autres par Régis LADOUS
un volume 16,5 x 24,5 cm - 1984 - 148 pages - 78 F

Des Sciences de la Nature aux Sciences de l'Homme
par Jacques GADILLE et Régis LADOUS
un volume 16,5 x 24,5 cm - 1984 - 295 pages - 137 F

Cause, Loi, Hasard en Biologie par Michel DELSOL
un volume 16, 5 x 24,5 cm - 1985 - 256 pages - 126 F

L'Intuition ontologique et l'Introduction à la Métaphysique
par Roger PAYOT
un volume 16,5 x 24,5 cm - 1986 - 164 pages - 120 F

Philosophie moléculaire. Monod, Wyman, Changeux
par Claude DEBRU
un volume 16,5 x 24,5 cm - 1987 - 244 pages - 135 F

Le Réductionnisme en question
Actes du Colloque organisé à Lyon les 14 et 15 Mars 1986
par l'Institut Interdisciplinaire d'Etudes Epistémologiques
un volume 16,5 x 24,5 cm - 1987 - 176 pages - 99 F

On peut se procurer ces ouvrages :

à la Librairie Philosophique VRIN
6 place de la Sorbonne, 75006 PARIS

à l'Institut Interdisciplinaire d'Etudes Epistémologiques
25 rue du Plat, 69002 LYON.

Collection SCIENCE - HISTOIRE - PHILOSOPHIE

Directeur : professeur Michel DELSOL, laboratoire de Biologie générale
          25 rue du Plat, 69288 LYON cedex 02 - tél : 72 32 50 32

Directeur-adjoint : Régis LADOUS, maître-assistant à l'Université J.Moulin
          74 rue Pasteur, 69007 LYON

Secrétaire de rédaction : Janine FLATIN, laboratoire de Biologie générale
          25 rue du Plat, 69288 LYON cedex 02 - tél : 72 32 50 32

L'impression de cet ouvrage a été réalisée par les soins de l'Institut Interdisciplinaire d'Etudes Epistémologiques (association 3 A), 25 rue du Plat
69288 LYON cedex O2. Sa diffusion est assurée par la Librairie Philosophique J.VRIN, 6 place de la Sorbonne, 75005 PARIS.

Imprimerie spéciale I.I.E.E.

Dépôt légal : Juin 1987